Reiner Engelmann

ICH BIN JUDE

Euer Antisemitismus ist mein Alltag

REINER ENGELMANN

ICH BIN JUDE

Euer Antisemitismus ist mein Alltag

cbt

Bei diesem Buch wurden die durch das verwendete Material und die Produktion entstandenen CO_2-Emissionen ausgeglichen, indem der cbj Verlag ein Projekt zur Aufforstung in Brasilien unterstützt.
Weitere Informationen zu dem Projekt unter:
www.ClimatePartner.com/14044-1912-1001

FSC www.fsc.org MIX Papier | Fördert gute Waldnutzung FSC® C014496

Wir produzieren Klimaneutral ClimatePartner.com/14044-1912-1001 Druckprodukt

Penguin Random House Verlagsgruppe
FSC® N001967

Unterrichtsmaterialien zu diesem Buch sind erhältlich unter:
www.schullektuere.de

Sollte diese Publikation Links auf Webseiten Dritter enthalten, so übernehmen wir für deren Inhalte keine Haftung, da wir uns diese nicht zu eigen machen, sondern lediglich auf deren Stand zum Zeitpunkt der Erstveröffentlichung verweisen.

1. Auflage
Originalausgabe Januar 2023

Lektorat: Uwe-Michael Gutzschhahn
Umschlaggestaltung: Geviert GbR, Grafik & Typografie, München
Umschlagmotive © Shutterstock.com (BAZA Produktion, Juhku)
skn · Herstellung: AJ
Satz und Druck: GGP Media GmbH, Pößneck
ISBN 978-3-570-31535-4
Printed in Germany

www.cbj-verlag.de

Für meine Enkelkinder

Paul, Lior und Leonid,
Henri und Ella,
Milla und Edda

Inhalt

Vorwort

Antisemitismus ist in unserer Gesellschaft weitverbreitet. Er zeigt sich nicht nur in Anschlägen wie dem auf die Synagoge in Halle im Oktober 2019. Auch wenn dahinter ein Einzeltäter steckte, fand seine Tat in sozialen Netzwerken doch großen Zuspruch. Nach dem Anschlag sagte der Vorsitzende des Zentralrats der Juden in Deutschland*, Josef Schuster*: »Wir erleben einen deutlich enthemmteren Antisemitismus, wie ich ihn mir vor einigen Jahren nicht hätte vorstellen können.« (Interview im Deutschlandfunk vom 27. 12. 2020.)

Antisemitismus zeigt sich in offener und versteckter Form überall in unserem Alltag. Er äußert sich verbal in Schulen, Vereinen, an Stammtischen, am Arbeitsplatz, in der U-Bahn genauso wie in der Familie.

Bei meinen Recherchen habe ich alle möglichen antisemitischen Äußerungen gefunden, von denen ich hier nur eine kleine Auswahl zitieren will:

»Was ist das für eine Judenaktion!«

»Juden zahlen keine Steuern!«

»... bis zur Vergasung!«

»Du Jude!«

»Sie sehen ja gar nicht jüdisch aus!«

»Juden reden zu oft über den Holocaust!«

»Juden sind Kindermörder!«

Diese Sätze wurden in der Öffentlichkeit geäußert, ohne dass irgendjemand von denen, die sie mithörten, reagiert hätte. Warum stoppt niemand Menschen, die solche Sätze sagen? Gehen wir der Auseinandersetzung lieber aus dem Weg? Oder erkennen wir in den Sätzen vielleicht gar nichts Antisemitisches?

Wie fühlen sich die Betroffenen, wenn sie diese Sätze hören und merken, dass niemand eingreift?

Die jüdischen Mitmenschen, mit denen ich gesprochen habe, fühlen sich in diesen Momenten schutzlos. Und sie haben Angst, sich verbal zu wehren, weil sie sich alleingelassen sehen.

Worte sind oft Vorläufer von Handlungen. Menschen, die sich in der Öffentlichkeit zu ihrer jüdischen Religion bekennen, indem sie eine Kippa tragen oder eine Kette mit dem Davidstern, werden bespuckt, angerempelt und geschlagen. Nur selten greife jemand helfend ein, erzählen sie. Und wenn, dann seien es meist Freunde oder Bekannte.

Es sind ganz unterschiedliche Gruppierungen, die die Übergriffe verüben. Mal sind es Menschen mit muslimischem Hintergrund, die hier lebende Juden für die Politik in Israel verantwortlich machen, obwohl diese überhaupt keinen Einfluss auf die israelische Politik haben.

Andere kommen eindeutig aus der rechten Szene. Sie bedauern, dass Hitler sein Werk nicht vollenden konnte.

Zumindest in ihren verbalen Äußerungen möchten sie noch einmal Gaskammern errichten oder sämtliche Menschen jüdischen Glaubens nach Israel verbannen. Aber die Juden, die unter uns leben, sind Deutsche, sie haben die deutsche Staatsangehörigkeit.

Das Gedankengut des Nationalsozialismus ist leider bis in unsere Gegenwart spürbar. Die Vorurteile gegen Juden, die von den Nazis damals – von 1933 bis 1945 – der Bevölkerung eingeimpft wurden, sind nie wirklich überwunden worden. Lange wurden sie halblaut weitergeraunt, inzwischen werden sie sogar wieder lautstark skandiert.

Wenn aber, wie einschlägige Forschungsergebnisse zeigen, der Antisemitismus bis mitten in unsere Gesellschaft reicht, bedeutet das eine weitverbreitete Unkenntnis über die jüdische Religion. Woran liegt das? Warum wissen wir zu wenig, was hinter den Toren von Synagogen geschieht? Warum wissen wir zu wenig über die Feiertage, die Juden im Laufe des Jahres begehen? Warum lehnen wir ab, uns näher mit ihrem Glauben zu beschäftigen, ihn anzuerkennen?

Aus meiner persönlichen Erfahrung, nicht nur im Zusammenhang mit diesem Buch, kann ich sagen, dass es bereichernd ist, die jüdische Religion näher kennenzulernen. Ich habe immer wieder die Offenheit und Freundlichkeit der Menschen gespürt, wenn sie von ihren Festen und Bräuchen erzählten.

Juden, so habe ich während meiner Recherchen erfahren, möchten hier in Deutschland ein ganz normales Leben leben und nicht auf ihr Jüdischsein reduziert werden.

Sie sind Nachbarn, Kollegen, Vereinsmitglieder und vieles mehr. Und sie haben eine Religion, die sie gerne unbeschwert ausüben wollen, so wie Christen oder Muslime auch.

Es muss ein gesamtgesellschaftliches Anliegen sein, polizeiliche Überwachungen an Synagogen und anderen jüdischen Einrichtungen überflüssig zu machen. Eine Utopie? Sicher! Aber nur so werden wir den Antisemitismus in unserem Land überwinden.

Wenn ich mit diesem Buch beitragen kann, dieses Ziel zu erreichen, würde mich das freuen.

Die antisemitischen Übergriffe, die ich im Buch beschrieben habe, sind nicht erdacht, sondern haben sich tatsächlich so ereignet. Die Personen der Handlungen sind frei erfunden, doch es gibt viele lebende Vorbilder für sie.

Shalom Alechem! Frieden für alle!

Reiner Engelmann, März 2022

Unfassbar!

Sein erster Weg führte ins Badezimmer. Er war erleichtert, dass niemand zu Hause war. Die Tür schloss er trotzdem ab. Sein Rücken schmerzte, das Shirt klebte ihm auf der Haut. Vorsichtig zog er es aus, stellte sich vor den Spiegel und betrachtete seinen Rücken. Überall blaue Flecken, an zwei Stellen blutete er. Dort hatte ihn die Kette getroffen. Auch das Shirt war blutig. Außer den Blutflecken entdeckte Simon noch etwas anderes auf dem Stoff: einen Aufkleber. Jetzt wurde ihm klar, was die Ursache für den brutalen Angriff gewesen war. Deshalb war er auch schon auf dem Weg zur Bushaltestelle angepöbelt worden. Wörter und Sätze, die er alle bereits gehört hatte. Einige Male hatten ihn Leute überholt und vor ihm ausgespuckt. Was war los mit diesen Menschen? Warum taten sie das?

Später im Bus hatte sich die Situation weiter zugespitzt.

»Bist du Jude?«, fragte ihn ein älterer Mann.

»Haben Sie ein Problem damit?«, hatte Simon dagegengehalten.

»Willst wohl noch frech werden, du Scheißjude!«

Im Nu hatte der Mann einige Fahrgäste auf seiner Seite, meist Jugendliche, die Simon nicht kannte. An der nächsten Haltestelle drängten sie ihn aus dem Bus, umzingelten, beschimpften und bespuckten ihn, dann folgten die Schläge. Zunächst mit Fäusten, die Simon noch halbwegs abwehren konnte, bis einer eine Kette aus seiner Jackentasche zog und ihm damit auf den Rücken schlug. Simon schrie auf, ließ sich zu Boden fallen und spürte noch ein paar Fußtritte. Plötzlich war alles still. Er hob den Kopf, schaute sich um, Menschen gingen an ihm vorbei. Das Aufstehen fiel ihm schwer, er hatte Schmerzen.

Der Zettel, der auf seinem Shirt klebte, erklärte alles. *Ich bin Jude!*, stand dort. Wer konnte das gewesen sein? Wann war das passiert? Auf dem Weg zum Bus? Eher nicht. In der Schule? Bei welcher Gelegenheit hatte ihm jemand den Zettel angeklebt? Nach dem Unterricht hatte es auf dem Flur kurz ein Gedränge gegeben. Vielleicht da?

Simon schaute auf seine Uhr. Es war erst früher Nachmittag. Direktor Schneiderjahn war um diese Zeit sicher noch in der Schule. Schnell zog er sich ein frisches T-Shirt an, das blutverschmierte mit dem Aufkleber steckte er in eine Tasche und machte sich auf den Weg.

»Was willst du denn schon wieder?«, herrschte Schneiderjahn ihn an, als Simon unaufgefordert in sein Büro trat.

Simon griff in die Tasche, zog das Shirt heraus und legte es auf den Schreibtisch des Direktors.

»Was soll das? Pack das schmutzige Ding weg!«

»Ich möchte, dass Sie sich das anschauen!«, forderte Simon Schneiderjahn auf.

»Ich sehe nur ein verschmutztes Shirt, das du jetzt sofort wieder in deine Tasche steckst!«

»Sehen Sie nicht den Aufkleber?«

»Und? Was soll das?« Schneiderjahn wirkte verlegen.

»Das hat mir jemand unbemerkt auf meinen Rücken geklebt und so bin ich zur Bushaltestelle gelaufen und verprügelt worden!«

»Was habe ich damit zu tun?« Schneiderjahns Kopf wurde rot vor Wut.

»Diesen Zettel hat mir jemand hier in der Schule auf den Rücken geklebt!«

»Das war sicher nur ein dummer Scherz!« Schneiderjahn versuchte zu lächeln. Sein Gesicht glich eher einer Fratze.

Simon drehte sich um und zog sein T-Shirt hoch.

»War das auch nur ein dummer Scherz?«, fragte er.

»Was soll ich deiner Meinung nach jetzt tun? Wenn du sicher bist, dass das hier in der Schule passiert ist, dann bring mir die Schuldigen, damit ich sie bestrafe.«

»Es gibt hier an der Schule ein Problem mit Antisemitismus! Und Ihnen fällt wieder nichts anderes ein als Strafe, was? Tun Sie endlich was! Es ist höchste Zeit!!«

Bevor Schneiderjahn etwas antworten konnte, hatte Simon das Büro schon verlassen.

Simon

Simon Weiß hat sich in sein Zimmer zurückgezogen. Er will allein sein, braucht Zeit zum Nachdenken.

Ein paar Monate bleiben ihm noch an der Schule, diese Zeit muss er nutzen, um eine Entscheidung zu treffen. Er ist unsicher. Gehen oder bleiben? Fliehen oder standhalten? Doch wohin fliehen? Wo wäre er sicher? Zumindest sicherer als in dieser Stadt? In seiner Heimat Frankfurt.

Wann ist für mich die Grenze erreicht, an der ich sage, es geht nicht mehr? Das ist die zentrale Frage.

Es ist für ihn immer schwerer geworden, ein ganz normales Leben zu leben. Simon Weiß will öffentlich zeigen können, dass er Jude ist. Dazu gehört als äußeres Zeichen, dass er, wann immer er möchte, auch außerhalb seines Zuhauses eine Kippa tragen kann oder die Kette mit dem Davidstern, die er zu seiner Bar Mizwa bekommen hat.

Er weiß, das sind Äußerlichkeiten, nur Symbole seiner Religion. Aber wenn er sie zeigt, wenn er den Davidstern offen trägt, wird er beleidigt, verspottet, bespuckt, ausgegrenzt, sogar geschlagen. Das hat er oft erlebt, zu oft!

Die Kippa setzt er schon lange nicht mehr auf und die Kette mit dem Davidstern versteckt er unter seinem Shirt.

Das ist für ihn zu einem Automatismus geworden, bevor er das Haus verlässt.

Trotzdem wird er als Jude erkannt, seit er sich in der Schule geoutet hat. Manche zeigen ihm den Hitlergruß, andere faseln irgendwas von »Vergasung«, und wieder andere, vor allem Muslime, sehen in ihm den Israeli und damit den Feind. Simon kennt Israel, er war schon ein paar Mal dort, doch er ist Deutscher. Er ist in Frankfurt geboren, in Frankfurt aufgewachsen und zur Schule gegangen, er hat hier Freunde gefunden, einen Fußballverein, für den er spielt.

Die Anfeindungen gegen ihn haben vor ein paar Jahren nach seinem Wechsel von der jüdischen an eine staatliche Schule begonnen und nie mehr aufgehört. Manchmal glaubt er, sie haben sich noch verstärkt, vor allem die Beleidigungen hinter seinem Rücken. Sie richten sich nicht nur gegen ihn, sondern gegen die gesamte jüdische Bevölkerung in Deutschland. Deutlich wird ihm das besonders dann, wenn es im Nahen Osten zu Krieg und Gewalt kommt. Dann ziehen muslimische Gruppen demonstrierend durch die Städte und fordern die Vernichtung Israels.

Wird er in diesem Land, das ja *sein* Land ist, sicher leben können? Ist Frankfurt für ihn ein sicherer Ort?

Die zuständigen staatlichen Stellen sorgen dafür, dass jüdische Einrichtungen von der Polizei bewacht werden. Auf den ersten Blick gibt das Simon tatsächlich ein Gefühl von Sicherheit. Die Polizei steht bereit, damit nichts passiert. Zum Glück, und doch kommen in ihm bei dem

Gedanken Zweifel auf. Christliche Kirchen und staatliche Schulen brauchen keine Bewachung. Es gibt also eine Bedrohung, die sich allein und ganz generell gegen Juden und ihre Einrichtungen wendet, nicht nur gegen ihn persönlich.

Wird es, wenn die Entwicklung in Deutschland so weitergeht, ausreichen, nur die Gebäude zu bewachen? Wird irgendwann auch Personenschutz nötig sein? Müsste es den nicht eigentlich jetzt schon geben?

In seiner Heimatstadt Frankfurt gibt es Bezirke, die für ihn und jeden anderen jüdischen Bürger No-go-Areas geworden sind. Auf wie viel Freiheit ist er bereit zu verzichten, um hier leben zu können? Kann er das? Will er das? Sieht er Chancen, dass sich etwas verändert oder sogar verbessert? Nicht nur für ihn, sondern auch für die anderen Mitglieder der jüdischen Gemeinde? Simon Weiß hat Zweifel.

An der Pinnwand über seinem Schreibtisch hängt die Kopie eines Briefes von seinem Urgroßvater, den dieser im Jahr 1938 schrieb. Darin heißt es: »Unsere Koffer standen immer bereit. Jederzeit könnten wir sie packen und ausreisen. Wir hatten aber die Hoffnung, alles würde sich beruhigen, besser werden. Wir lebten doch in einem zivilisierten Land, unter gebildeten und zivilisierten Menschen. Das war unsere Vorstellung. Mit dem, was in der Nacht vom 9. auf den 10. November passiert ist, hatten wir nicht gerechnet. Jetzt ist es zu spät. Wir sitzen in der Falle und haben keine Möglichkeit, uns zu befreien.«

Simon kennt die Geschichte seiner Urgroßeltern.

An einer anderen Stelle des Briefs schrieb der Urgroßvater, dass es am Anfang lediglich Pöbeleien von einzelnen Bewohnern aus der Nachbarschaft und auf der Straße gab, doch im Laufe der Zeit hätten sich immer mehr Menschen beteiligt. Die Stimmung gegen die jüdische Bevölkerung sei von der Partei angeheizt worden. Dann folgten die Einschränkungen. Deutsche sollten nicht mehr in jüdischen Geschäften kaufen, Juden durften nicht mehr während der üblichen Geschäftszeiten ihre Besorgungen machen.

Simon weiß das, er hat in vielen Büchern darüber gelesen und auch mit Menschen gesprochen, die das am eigenen Leibe erlebt hatten.

Sind wir wieder da, wo meine Urgroßeltern in den frühen Dreißigerjahren des letzten Jahrhunderts gestanden haben? Die Vorstellung macht Simon Angst.

Er beruhigt sich damit, in einem demokratischen Staat zu leben. Erschreckend findet er aber, dass sich der Antisemitismus trotzdem wieder ausbreitet, und zwar in allen Bevölkerungsschichten. Bei vielen Deutschen macht sich eine Schlusspunkt-Mentalität breit. Zunehmend hört er, das Thema Holocaust gehöre endgültig der Vergangenheit an. Gleichzeitig werden Juden plötzlich wieder wie damals für alle möglichen Probleme und Missstände verantwortlich gemacht – zum Beispiel für die Ausbreitung der Corona-Pandemie. Bei Wahlen hängt eine rechtsgerichtete Partei ihre Plakate offenbar ganz bewusst in der Nähe von Häusern auf, von denen bekannt ist, dass dort Juden wohnen. »GAS GEBEN!«, steht in großen Buchstaben auf den Plakaten.

Simon Weiß kann nicht mehr anders, als sich zu fragen: Wo ziehe ich für mich Grenzen, ab wann sage ich, dass es nicht mehr geht? Wo werde ich leben? In dieser Stadt? In diesem Land? Welche Alternative gibt es für mich? Er braucht Zeit zum Nachdenken, auch über früher, als für ihn noch alles in Ordnung schien. War wirklich alles in Ordnung?

Schabbat

Viele Jahre lang war der Schabbat für Simon Weiß der Höhepunkt der Woche gewesen. Er freute sich darauf, mit den Eltern und seiner jüngeren Schwester Charly zur Synagoge zu gehen, dort zu singen und zu beten. Er freute sich, anschließend mit der Familie und manchmal auch mit Verwandten oder Freunden den Abend und den nächsten Tag zu verbringen. Sobald der Schabbat begann, wurde es ruhiger in der Familie. Sowohl für die Vorbereitungen als auch für den Abend selbst gab es immer einen festen Ablauf. Die Vorbereitungen zum Schabbat waren Familiensache. Er und Charly räumten ihre Zimmer auf, abwechselnd mal mit dem Vater, mal mit der Mutter bereiteten sie dann das Abendessen zu, und danach zogen sie ihre festliche Kleidung an.

Während sein Vater mit den Kindern in der Synagoge war, deckte die Mutter den Tisch. Zwei weiße Kerzen gehörten dazu, Geschirr, Besteck, die Challot*, das besondere Brot für den Schabbat, das sie für diesen Abend gebacken hatte, sowie das Essen und die Getränke für das anschließende Festmahl.

Niemand musste mehr aus dem Haus, um irgendetwas zu erledigen. Fernseher, Radio, Computer und andere elektronische Geräte blieben ausgeschaltet, so wie es für diese Zeit vorgeschrieben war. Simon verschickte, bevor sie sich auf den Weg zur Synagoge machten, schnell noch eine SMS an seine Freunde und wünschte ihnen einen schönen Schabbat. Danach schaltete er das Handy aus.

Simon liebte auch das immer wiederkehrende Ritual des Abends: Sobald alle am festlich gedeckten Tisch versammelt waren, wurden zwei weiße Kerzen angezündet. Über dem Tisch, der mit dem einen Ende an der Wand des Esszimmers stand, hingen in alten wuchtigen Holzrahmen ein Foto der Urgroßeltern und eines der Großeltern väterlicherseits. Auch wenn sie nicht mehr lebten, waren sie so doch immer beim Schabbat dabei.

Von den Eltern der Mutter gab es auch Fotos, doch die klebten in verschiedenen Alben. Selbst als sie noch lebten, hatten Simon und seine Eltern nicht viel Kontakt zu ihnen gehabt. Sie waren dagegen gewesen, dass ihre Tochter zum Judentum übertrat.

Sobald die Familie am Tisch saß, sprach der Vater den Segensspruch, zunächst über die Kerzen, die als Symbol für das Licht stehen:

> *»Gelobt seist du, Herr unser Gott, König der Welt,*
> *der du uns geheiligt durch deine Gebote und uns*
> *befohlen hast, das Schabbat-Licht anzuzünden, …«*

Danach folgte die Segnung des Weins:

> *»… der die Frucht des Weinstocks erschafft …«*

und schließlich vor dem Verzehr des Weißbrots:

»… der das Brot aus der Erde hervorbringt.«

Schließlich segnete der Vater seine beiden Kinder, indem er Gott bat, sie immer zu beschützen.

Nach all diesen Segnungen wurde das Lied »Shalom Alechem« gesungen:

»Wir wollen Frieden für alle,
wir wollen Frieden für alle,
wir wollen Frieden für alle,
wir wollen Frieden, Frieden,
Frieden für die ganze Welt.«

Auf Hebräisch:

»Havenu shalom alechem
Havenu shalom alechem
Havenu shalom alechem
Havenu shalom alechem
Shalom alechem.«

Dann brach der Vater das Brot in Stücke, bestreute sie mit Salz und reichte sie reihum. Langsam und bedächtig kauten alle. Die Erwachsenen tranken Wein, die Kinder Traubensaft. Hinterher aßen sie das, was sie tagsüber für den Abend vorbereitet hatten.

Nach dem Abendessen versammelte sich die Familie im

Wohnzimmer und sie spielten oder redeten miteinander. Simon genoss es, dass sie eine ungestörte Zeit miteinander verbringen konnten. Kein Telefon klingelte, kein Fernseher lief, und es spielte auch keine Musik.

An einem dieser Schabbat-Abende – Simon war damals schon in der dritten Klasse – hatte er seinen Vater gefragt, wieso es in der Schule oft Terroralarm gebe. Das Wort war an dem Morgen gerade wieder über die Lautsprecheranlage ertönt.

Nach der kurzen Durchsage der Schulleitung hatten sie die Tür und die Fenster des Klassenzimmers abschließen und die Vorhänge zuziehen müssen, dann mussten alle Schülerinnen und Schüler unter ihre Tische kriechen, und niemand durfte in der Nähe des Fensters bleiben.

Simon und die anderen Kinder in der Klasse hatten das schon oft mitgemacht. Für sie war es eher ein spannendes Spiel, ohne dass sie den Sinn des Ganzen begriffen. Aber einige Kinder hatten auch Angst, das spürte Simon. Deshalb fragte er jetzt.

»Weißt du«, begann sein Vater, »niemand möchte, dass euch etwas Schlimmes passiert. Deswegen müsst ihr manchmal Dinge tun, die ihr noch nicht richtig versteht.«

»Was soll uns denn passieren, Papa?«, bohrte Simon nach. »Wieso müssen wir die Türen abschließen, wieso müssen wir unter die Tische kriechen?«

»Manchmal gibt es böse Menschen, die mit Pistolen oder Gewehren einen Überfall auf Schulen machen. Und damit euch in so einem Fall nichts passiert, müsst ihr vorbereitet sein. Deshalb sind die Übungen notwendig.«

»Was sind das für Menschen, die eine Schule überfallen? Passiert das oft?«

»Nein«, antwortete sein Vater. »Es passiert nur ganz selten, eigentlich fast nie.«

»Und dafür müssen wir unter die Tische kriechen?« Simon merkte, dass mehr dahinterstecken musste.

»Es könnte aber etwas passieren ... manchmal gibt es eben Menschen, die sich schreckliche Dinge einfallen lassen und in die Tat umsetzen.«

»Gibt es an allen Schulen Terroralarm? Müssen sich alle Kinder verstecken? Manchmal haben Kinder ja auch Angst, wenn so eine Durchsage kommt.«

»Nein, nicht an allen Schulen gibt es diesen Terroralarm«, erklärte der Vater. »Nur an deiner.«

»Wieso nur bei uns?«

»Du gehst eben auf eine besondere Schule. Es ist eine jüdische Schule, wo fast nur jüdische Kinder hingehen. Es gibt Menschen in unserem Land, die haben etwas gegen jüdische Menschen. Die hätten am liebsten, wir wären gar nicht hier.«

»Wieso? Wir wohnen doch hier, das ist doch unser Zuhause!«

»Mach dir keine Sorgen«, versuchte sein Vater ihn zu beruhigen. »Wir werden ganz gut beschützt. Schau, du wirst morgens mit einem Bus vor der Haustür abgeholt und zur Schule gebracht, und mittags bringt er dich wieder nach Hause. Der Bus fährt sogar bis in den Innenhof der Schule, sodass euch niemand sehen kann. Du musst keinen Schritt laufen, der ganze Weg ist sicher.«

»Werden wir deshalb zur Schule gefahren, damit wir sicher ankommen?« Simon hatte das bislang nie so betrachtet. Für ihn war es bloß bequem. »Bedrohen uns diese Leute nur deswegen, weil wir jüdisch sind?«

Sein Vater nickte. »Ja, so kann man das sagen. Aber hab keine Angst, es wird schon nichts passieren. Wir müssen einfach nur vorsichtig sein.«

Das Gespräch mit seinem Vater blieb Simon noch lange im Kopf. Die Antworten, die er bekommen hatte, waren unvollständig, das merkte er. Aber sein Vater wollte nicht länger darüber sprechen.

Was ist so schlimm daran, Jude zu sein? Diese Frage beschäftigte Simon in den nächsten Tagen und Wochen immer wieder. Er fühlte sich wohl mit seiner Religion, konnte sich gar nicht vorstellen, einer anderen Religion anzugehören. Aber er wusste auch zu wenig von anderen Religionen und ihren Bräuchen.

Er wusste nur, dass es den Sonntag gibt, der für die Christen wichtig ist. Der war ja auch fast vergleichbar mit dem Schabbat.

Doch eine Frage beschäftigte ihn noch mehr: Was war mit seinen Urgroßeltern und Großeltern? Oft betrachtete er die Fotos, die an der Wand hingen. Er wollte herausfinden, wem er ähnlich sah, dem Opa oder der Oma? Oder etwa seinem Urgroßvater? Er konnte sich nicht festlegen. Aber was war mit ihnen? Warum gab es um ihr Leben so ein Geheimnis? Was wusste er über sie? Dass sie verschleppt wurden und in einem Lager leben mussten. Dass sie dort gearbeitet hatten. Dass Opa und Oma damals noch Kinder waren. Aber was war das für ein Lager gewesen? Und warum hatten sie dort hingemusst? In seiner Familie wurde darüber nie gesprochen. Warum nicht? Die Eltern redeten doch auch über andere Menschen?

Viele Wochen vergingen, bis Simon an einem Schabbat-Abend nach der Geschichte seiner Großeltern und Urgroßeltern fragte. Es hatte ihm keine Ruhe gelassen, er musste es einfach wissen.

Die Eltern schauten sich an. Wie sollten sie reagieren? Sollten sie an einem Schabbat-Abend, an dem sie ausruhen und die Seele baumeln lassen wollten, ihrem Sohn die Wahrheit sagen? Die ganze unbequeme Wahrheit, die sie selbst nicht verstanden? Die niemand verstehen konnte, weil sie so unvorstellbar war?

»Lass uns ein andermal drüber reden«, bat die Mutter, »heute Abend sind wir einfach müde, und wenn wir jetzt anfangen, dann wird es sicher sehr, sehr spät.«

»Ich mache dir einen Vorschlag«, lenkte sein Vater ein. »Wir beide gehen demnächst mal zum Main, da hatte dein Opa einen Lieblingsplatz. Schon als Kind habe ich oft dort mit ihm gesessen. Wir haben den Schiffen zugeschaut, er hat mir Geschichten erzählt, manchmal hatte er auch eine Zeitung dabei, ich ein Buch. Viele schöne Stunden haben wir dort zugebracht. Aber dort hat mir mein Vater auch seine Geschichte und die seiner Eltern erzählt. Einverstanden?«

Simon fand es zwar schade, dass sie nicht gleich reden konnten, aber er stimmte dem Vorschlag zu.

Opa

Nach dem Schabbat, an dem sie über den Terroralarm in der Schule gesprochen hatten, vergingen Wochen, ohne dass Herr Weiß sein Versprechen einlöste.

Über die Großeltern wurde in der Familie fast nie gesprochen, auch nicht über die Urgroßeltern. Warum eigentlich? Was gab es zu verbergen? Gab es Geheimnisse, über die man nicht sprechen durfte, auch nicht in der Familie? Simon verstand das nicht.

Das wenige, was er vom Leben seiner Großeltern wusste, hatten seine Eltern irgendwann einmal kurz erzählt. Oma Miriam und Opa Georg hatten sich nach dem Krieg kennengelernt und im Dezember 1959 geheiratet. Opa war Justizangestellter beim Amtsgericht der Stadt gewesen, Oma Lehrerin. Und sie hatten drei Kinder bekommen: Aaron, Simons Vater, Hannah, die jüngere Schwester, und Elias, den Nachzügler, wie er immer genannt worden sei. Während einer Urlaubsfahrt waren die Großeltern beide bei einem Verkehrsunfall gestorben.

Simon hatte aber nie etwas über ihre Kindheit und Jugendzeit gehört und auch nicht darüber, wie und wo sie den Krieg überlebt hatten. Er wusste, dass es jüdischen Menschen in dieser Zeit nicht gut gegangen war. Aber was das hieß, davon hatte er keine Vorstellung. Ihm ging es auch manchmal nicht gut. Konnte man das miteinander vergleichen?

Als er schon glaubte, sein Vater hätte das Versprechen vergessen, kam er an einem sonnigen Sonntagnachmittag auf Simon zu und legte ihm die Hand auf die Schulter.

»Wenn du heute Nachmittag nichts anderes vorhast, könnte ich dir die Geschichte deines Großvaters und deiner Urgroßeltern erzählen.«

Simon schaute aus dem Fenster, sah den strahlend blauen Himmel und wünschte sich einen Regentag für die Erzählung. Bei diesem Wetter den ganzen Nachmittag drinnen zu hocken, darauf hatte er wenig Lust. Andererseits …

Der Vater schien seine Gedanken zu lesen.

»Wir werden an den Main gehen, dort gibt es einen Platz, an dem wir reden können. Davon hatte ich dir ja schon erzählt.«

»Hier, auf dieser Bank habe ich vor vielen Jahren mit deinem Opa, meinem Vater, gesessen«, begann er schließlich, nachdem sie erst mit dem Bus durch die Stadt gefahren und dann das letzte Stück am Main entlanggelaufen waren. »Hier, genau an dieser Stelle, hat mein Vater mir zum ersten Mal alles erzählt, was ihm widerfahren ist, als er noch ein Kind war und Adolf Hitler* in Deutschland die Macht hatte.«

Simons Vater räusperte sich und schaute lange dem Schiff nach, das langsam auf dem Main an ihnen vorbeiglitt.

»Ich weiß nicht so recht, wie ich anfangen soll«, sagte er

dann. »Es ist nicht leicht, darüber zu reden, aber das wirst du gleich merken.«

Wieder schaute er lange zum Fluss hinunter.

»Die Familie Weiß wohnt schon seit vielen Generationen hier in der Stadt. Unsere Vorfahren waren Ärzte, Lehrer, es gab sogar mal einen Professor für Mathematik in der Familie, und deine Urgroßeltern hatten ein Textilgeschäft. Sie hießen Clara und Ferdinand. Über dem Eingang ihres Geschäfts hing ein großes Schild: *Textilhaus Weiß* stand darauf. Deine Urgroßeltern waren sehr stolz auf ihren Laden. Viele reiche Frankfurter kamen dorthin, kauften edle Stoffe und ließen sich von einem Schneider Kleider und Anzüge nähen. Aber auch weniger reiche Menschen gehörten zu den Kunden, Leute, die sich ihre Kleidung selbst nähen mussten, weil sie sich keinen Schneider leisten konnten. Deine Urgroßmutter, meine Oma Clara, war eine gute und hilfsbereite Geschäftsfrau. Sie konnte ihre Kundinnen sehr gut beraten, und wenn sie merkte, dass eine unsicher war, weil sie nicht wusste, wie man aus einem Stück Stoff ein Kleid oder eine Hose näht, bot sie an, mit ihr gemeinsam im Nebenraum, wo auch eine Nähmaschine stand, zunächst den Stoff zuzuschneiden und danach beim Nähen behilflich zu sein.

Das Geschäft florierte und von ihrem Verdienst konnten deine Urgroßeltern gut leben. Sie konnten ins Theater gehen, sie besuchten Restaurants, hatten einen großen Freundeskreis, mit dem sie Feste feierten, sie konnten sich Urlaubsreisen leisten und hatten ein Hausmädchen, das für den Haushalt, aber auch für die Kinder zuständig war.

Irene hieß sie. Sie war jung, hübsch und besonders bei den Kindern, also bei meinem Vater und seiner Schwester, sehr beliebt. Ja, mein Vater hatte noch eine Schwester. Margarete hieß sie. Von allen wurde sie immer nur Gretel gerufen. Sie ist auch immer dieses kleine Mädchen geblieben. Warum, das erkläre ich dir später. Jedenfalls hätte das Leben so weitergehen können, wenn nicht …«

Mitten im Satz brach er ab.

»Was ist, Papa«, fragte Simon, als er merkte, dass sein Vater in Gedanken versunken war. »Warum erzählst du nicht weiter?«

Herr Weiß sah seinen Sohn mit traurigen Augen an.

»Das, was dann 1933 passierte, das ist so unfassbar, dass man es kaum beschreiben kann.«

Wieder machte er eine Pause, bevor er weitersprach.

»In dem Jahr kam hier in Deutschland ein Mann an die Macht, der von Anfang an etwas gegen uns Juden hatte: Adolf Hitler. Er hatte eine große Gefolgschaft, die Menschen jubelten ihm zu. Endlich hatte Deutschland wieder einen starken Führer, nachdem es in den Jahren zuvor oft zu Regierungswechseln gekommen war. Für alles, was nicht gut im Land war, machte Hitler die Juden verantwortlich. Davon hat er schließlich viele Menschen überzeugt. Sie glaubten ihm.«

»Ich weiß«, sagte Simon, »seinen Namen habe ich schon gehört. Doch das, was er gemacht haben soll, hab ich nicht verstanden.«

»Wenige Monate nachdem Adolf Hitler an der Macht war, ordnete er an, dass niemand mehr in jüdischen Geschäften einkaufen durfte. Überall vor den Geschäften standen uniformierte SA-Männer* mit Plakaten: ›Deutsche! Wehrt Euch! Kauft nicht bei Juden!‹ Am 1. April 1933 trat die Verfügung in Kraft. Seit 1924 hatte die Partei von Adolf Hitler, die NSDAP*, Männer bewaffnet, die die Befehle des Führers in den Städten durchsetzen sollten. Diese Männer gehörten zur Sturmabwehr oder SA*, wie sie genannt wurde. Die stand nun mit ihren Plakaten vor den Läden und hinderte Menschen daran, bei Juden einzukaufen. Das hatte natürlich Folgen für deine Urgroßeltern, meine Großeltern. Sie hatten plötzlich viel weniger Einnahmen. Manchmal kamen trotzdem noch Kunden, die sich über die Anweisungen hinwegsetzten. Ansonsten waren es aber nur noch einige jüdische Familien, die bei ihnen einkauften. Du kannst dir ja vorstellen: Irgendwann hatten aber auch die genügend Kleider und Anzüge in ihren Schränken und brauchten ihr Geld für andere Dinge.«

Simon nickte.

»Auch der Freundeskreis meiner Großeltern wurde kleiner. ›Gute Deutsche‹, wie sie von der Nazi-Partei genannt wurden, durften keinen Kontakt mehr zu Juden haben.«

»Waren deine Großeltern denn keine guten Deutschen?«, unterbrach Simon seinen Vater.

»Doch, das waren sie. Mein Großvater war im 1. Weltkrieg Soldat gewesen und für seine Tapferkeit sogar ausgezeichnet worden! Aber nun waren sie eben bloß noch Juden, die jeder mied. Menschen, mit denen sie wenige

Monate zuvor noch gefeiert hatten, grüßten sie plötzlich nicht einmal mehr auf der Straße. Mit erhobenem Haupt stolzierten sie an ihnen vorbei. Das war eine furchtbare Zeit für meine Großeltern.«

»Und was war mit deinem Papa, meinem Opa? Er war ja noch klein damals. Hat er das auch gemerkt?« Simon wollte sich nicht vorstellen, dass sich die Zeit auch für die Kinder geändert hatte.

»Ja, mein Vater …«, begann Herr Weiß stockend, »er ging damals schon zur Schule … er war in der 2. Klasse, als alles begann. Er konnte sich später noch gut erinnern, was sich für ihn geändert hatte. Jüdische Kinder durften nicht mehr neben arischen* Kindern sitzen. Die Machthaber nutzten damals dieses Wort, um die jüdischen Menschen auszugrenzen. Alle Menschen mussten einen Nachweis erbringen, dass sie über viele Generationen hinweg keine jüdischen Wurzeln hatten.

Für die jüdischen Kinder waren nur die hintersten Reihen der Klasse da. Und einige Monate später, es war im April 1933, durften überhaupt nur noch wenige jüdische Kinder an der Schule sein. Die Regierung hatte ein Gesetz »gegen die Überfüllung deutscher Schulen«* beschlossen. Das Gesetz hieß wirklich so. Viele jüdische Schülerinnen und Schüler durften plötzlich nicht mehr in ihre Schule. Dein Opa konnte zwar noch eine Zeit lang bleiben, aber es war eine schreckliche Zeit für ihn. Wenn er sich im Unterricht meldete, wurde er nicht drangenommen, wenn er in der Klassenarbeit eine gute Note schrieb, hieß es, er habe abgeschrieben. Doch am schlimmsten waren die

Pausen. Seine Mitschüler wussten natürlich, dass er Jude war, und so machten sie ihm das Leben zur Hölle. ›Hopp, hopp, hopp, Jud ab in den Korb‹, riefen sie, sprangen um ihn herum und steckten ihn schließlich in den Abfalleimer auf dem Schulhof. Lehrer, die das sahen, schauten weg oder lachten nur.«

»Ist er trotzdem an der Schule geblieben?« Simon konnte sich das nicht vorstellen. Er hätte bestimmt jeden Tag Angst gehabt, hinzugehen.

»Nein, das Gesetz war besonders für Gymnasien und Universitäten gemacht, und deswegen hatte er irgendwann keine Chance mehr, einen Platz an einer staatlichen Schule zu bekommen. Seine Eltern haben ihn und auch Gretel, seine Schwester, der es ähnlich erging, später in eine jüdische Schule geschickt. Dort konnten die beiden wieder in Ruhe lernen. Das war die eine Seite. Auf der anderen Seite hatten die Eltern aber immer weniger Geld. Sie mussten Irene, das Hausmädchen, entlassen, das aber ohnehin schon Schwierigkeiten hatte, weil sie als ›Rassedeutsche‹*, wie sie bezeichnet wurde, nicht in einer jüdischen Familie arbeiten durfte. Das Leben der Familie war komplett verändert, seit Adolf Hitler an der Macht war. Wie lange würden sie das aushalten? Die Frage stellten sich meine Großeltern fast jeden Tag. Gab es eine Möglichkeit, dem Hitlerstaat zu entkommen? Sollten sie die Stadt oder besser das Land verlassen? Deutschland war aber ihre Heimat. Doch war sie das wirklich noch? Mein Großvater holte schon mal die Koffer vom Speicher und stellte sie ins Schlafzimmer. Sie standen fast zwei Jahre dort, bis sich meine Großeltern entschieden, tatsächlich auszuwandern. Mein Großvater hat sehr unregelmäßig Tagebuch geführt, doch über die Auswanderung der Familie hat er ein paar Sätze geschrieben. Ihren ursprünglichen Plan, von Deutschland weit wegzuziehen, zum Beispiel nach Südamerika, hatten sie aufgegeben. Sie wollten nur in eines der Nachbarländer gehen, weil sie glaubten, dieser Spuk in Deutschland würde bald ein Ende haben und dann könnten sie wieder zurück. Amsterdam hatten sie als Zufluchtsort auserwählt, weil sie erfuhren, dass dorthin viele andere jüdische Familien geflohen waren.«

»Und waren sie dort sicher? Konnten sie dort wieder arbeiten und die beiden Kinder zur Schule gehen?« Es war aufregend für Simon, die Geschichte seiner Vorfahren zu hören.

»Ja, dort ging es ihnen besser, zumindest für ein paar Jahre. Mein Großvater fand eine Arbeit, die beiden Kinder, also mein Vater und meine Tante, konnten zur Schule gehen, sie lebten sich schnell ein und fanden auch wieder Freunde, besonders in der jüdischen Gemeinde. Doch das Glück war nur von kurzer Dauer. Deutschland hatte am 1. September 1939 einen Krieg gegen Polen begonnen und schon im Mai 1940 besetzten deutsche Truppen die Niederlande. Die Unterdrückung, die meine Großeltern in Frankfurt erfahren hatten, begann hier von vorn. Zur niederländischen Bevölkerung versuchten die Deutschen ein gutes Verhältnis aufzubauen. Sie wollten sie glauben machen, die Niederländer seien ein »Brudervolk«. Die jüdischen Familien fühlten sich aber nicht mehr sicher und mussten untertauchen, so auch meine Großeltern. Außerhalb von Amsterdam fanden sie Unterschlupf auf einem Bauernhof. Doch sicher waren sie dort nicht. Ab Februar 1941 suchten die Deutschen gezielt nach untergetauchten Juden. Alle, die sie fanden, wurden in ein Lager nach Westerbork* gebracht – auch die Familie meiner Großeltern. Westerbork war ein sogenanntes Durchgangslager*. Niemand, der dorthin gebracht wurde, sollte lange dort bleiben. Von Westerbork aus wurden die Menschen in verschiedene Konzentrationslager* gebracht.«

»Was sind Konzentrationslager?«, wollte Simon wissen. Unter dem Wort konnte er sich nichts vorstellen.

Sein Vater schaute ihn lange an.

»In Westerbork begann der unvorstellbarste Teil der Geschichte unserer Familie, aber auch unzähliger anderer jüdischer Menschen. Sie hatten von Konzentrationslagern gehört, konnten aber kaum glauben, was dort passierte. Es gab Gerüchte, dort würden Menschen umgebracht, andere müssten sehr hart für die Deutschen arbeiten.«

Herr Weiß machte eine Pause. Er war erschöpft. Von den Erinnerungen, vom Erzählen. Und nun wusste er nicht, wie er seinem Sohn erklären sollte, was ein Konzentrationslager war und wie es seinen Großeltern dort erging.

»Lass uns an einem anderen Tag weiterreden«, bat er Simon. »Jetzt kommt ein schwieriges Kapitel, von dem ich noch nicht weiß, wie ich es dir erzählen soll. Aber wir werden darüber reden. Das verspreche ich dir.«

Fußball

Das Gespräch mit seinem Vater ging Simon noch viele Tage und Wochen nach. Die Bilder setzten sich in seinem Kopf fest: die uniformierten SA-Männer mit den Plakaten, die die Kunden hinderten, das Geschäft seiner Urgroßeltern zu betreten; sein Opa, wie er von seinen Mitschülern auf dem Schulhof verhöhnt wurde und kopfüber im Abfalleimer landete. Ob er geweint hat?, überlegte Simon.

Und schließlich irritierten ihn die Familienfotos zu Hause über dem Esstisch. Bislang hatte er in ihnen nur freundliche alte Menschen gesehen. Jetzt fragte er sich, wie es möglich war, dass sie nach all dem, was sie hatten durchmachen müssen, wieder in eine Kamera lächelten? Ob es sie viel Überwindung gekostet hatte?

Im Nachhinein war er froh, dass ihm sein Vater noch nicht die ganze Geschichte der Urgroßeltern und Großeltern erzählt hatte.

Verglichen mit dem, was sein Opa in der Schule erleben musste, war der Terroralarm an Simons Schule geradezu lächerlich. Er fühlte sich in seiner Schule ja gut geschützt.

Nach dem Gespräch verstand er nun aber besser, warum er morgens vor der Haustür abgeholt und nachmittags wieder zurückgebracht wurde. Vielleicht gab es ja wirklich eine für ihn unsichtbare Bedrohung. Auch der Unterricht machte ihm jetzt mehr Spaß. Im Unterschied zu früher freute es ihn jetzt jedes Mal, wenn er bei seinen Wortmeldungen vom Lehrer beachtet wurde. Immer wieder musste er an seinen Opa denken, wie er in der letzten Reihe saß, sich meldete, aber von den Lehrern ignoriert wurde.

Seit einiger Zeit stand in Simons Schule mittags für alle fußballinteressierten Schülerinnen und Schüler die Sporthalle offen. An zwei Tagen in der Woche konnten abwechselnd Jungen und Mädchen spielen.

Simon freute sich, dass er so eine weitere Möglichkeit zum Trainieren hatte. Bisher hatte er sich immer nur mit ein paar Jungen auf dem Bolzplatz getroffen, der ganz in der Nähe von seinem Zuhause lag. Er kickte gern, am liebsten wäre er jeden Tag hingegangen, um Gleichgesinnte zu treffen, mit denen er spielen konnte.

Nun würde es neben den Zufallstreffen auf dem Bolzplatz etwas Regelmäßiges geben. Ein Sportlehrer führte Aufsicht.

Eines Mittags, als sie sich so richtig in der Halle ausgetobt hatten, kam der Aufsichtslehrer, Herr Steinke, auf Simon zu.

»Du spielst gut«, meinte er. »Hättest du vielleicht Lust, in einem Verein zu spielen?«

Simon stutzte zunächst. Hatte er sich verhört? Doch dann strahlte er.

»Ich trainiere Nachwuchsspieler, und so, wie ich dich hier beobachte, würdest du ganz gut zu uns passen.«

Simons Augen leuchteten plötzlich noch mehr. »Was ist das für ein Verein? Was muss ich tun? Ich würde gern in einem Verein spielen.« Er konnte seine Freude nicht verbergen.

»Der Verein heißt Makkabi*. Es ist ein jüdischer Verein, bei dem aber auch Kinder und Jugendliche mit anderen Wurzeln spielen. Nicht die Religion steht im Vordergrund, sondern der Fußball. Du musst natürlich mit deinen Eltern reden, sie müssen schließlich einverstanden sein.«

»Wo ist der Verein und … wie oft trainieren Sie und … was soll ich meinen Eltern sagen? Die wollen immer alles ganz genau wissen!« Simon war jetzt ganz aufgeregt.

Herr Steinke lachte. »Ich freu mich über dein Interesse. Nachher gebe ich dir eine Broschüre unseres Vereins, da steht alles drin. Und wenn deine Eltern einverstanden sind, bringst du mir bei Gelegenheit die Anmeldung mit, das Formular findest du auf der letzten Seite.«

Simon hatte seine Eltern noch am gleichen Abend überzeugt. Anfangs hatte seine Mutter gezögert, weil ihr zu Ohren gekommen war, dass es bei manchen Spielen Ausschreitungen gab. Aber vielleicht würde er es ja gar nicht so weit schaffen, zu Turnieren aufgestellt zu werden. Sie wollte ihm die Freude am Fußball nicht nehmen. Also sollte er es versuchen.

Schon am nächsten Tag brachte Simon die Anmeldung zurück und am Montag der folgenden Woche hatte er sein erstes Training. Verschwitzt, aber glücklich kam er am Abend nach Hause.

Mit den Spielern freundete er sich schnell an. Es waren alles Jungen in seinem Alter – ein bunter Haufen. Ein paar kamen aus arabischen Ländern, zwei waren aus Afghanistan, auch zwei russische Jungen trainierten mit, die anderen waren Deutsche wie er. Natürlich gab es auch jüdische Spieler in der Mannschaft, doch das war kein Thema. So groß die religiösen Unterschiede auch waren, Simon verstand sich mit allen. Umgekehrt war es genauso. Der Verein förderte die Idee, dass alle Menschen gleich sind. Wer gegen diesen Grundsatz verstieß, wurde ausgeschlossen.

Die Zeit verging, jede Woche hatte er zwei Trainingseinheiten, und nach drei Monaten wurde er zum ersten Mal für ein Spiel nominiert. Er freute sich darauf. Nachts träumte er, dass er nicht nur einer der besten Spieler seiner Mannschaft war, sondern auch das entscheidende Tor zum Sieg schoss.

Die Fahrt zum Sportplatz wurde zu einem Familienausflug. Alle wollten sehen, wie gut Simon spielen konnte. Er freute sich, dass seine Eltern und seine Schwester mitkamen, war aber auch ziemlich nervös.

Rings um den Sportplatz hatten sich Zuschauer eingefunden, die ihre jeweiligen Mannschaften anfeuerten, als der Schiedsrichter das Spiel endlich anpfiff. Simon spielte im Mittelfeld. Er rannte vor und zurück, versuchte, mit List seinem Gegner den Ball abzunehmen, spielte Pässe nach vorn, manchmal auch Fehlpässe, doch er ließ sich nicht beirren. Einmal stürmte er gerade mit dem Ball auf das gegnerische Tor zu, als ein Spieler der anderen Mannschaft, der schon dicht hinter ihm war, fast atemlos den Satz herauspresste: »Gib den Ball her, du Jude!« Der Satz kam zu leise, als dass ihn die anderen hörten. Doch Simon verstand ihn nur allzu gut, stoppte den Ball, blieb abrupt stehen und brachte damit seinen Gegner zu Fall. Er war zutiefst entsetzt. Sein erstes Spiel und schon gleich wurde er als Jude beschimpft. »Was soll das?«, brüllte er den am Boden liegenden Jungen an.

Der Schiedsrichter hatte das Spiel unterbrochen, kam auf Simon zu, verwarnte ihn für sein Foul, ohne nach Hintergründen zu fragen, und gab der Gegenmannschaft einen Freistoß. Simon rannte dem Schiedsrichter hinterher, wollte protestieren, doch das Spiel lief schon weiter. Er musste sich wieder einbringen.

Die erste Halbzeit war vorbei, es stand unentschieden 0:0, die zweite Halbzeit musste die Entscheidung bringen. Simon wollte seiner Mannschaft in der Pause etwas zu dem angeblichen Foul sagen, doch alle winkten ab, man müsse sich auf die nächste Halbzeit konzentrieren. Sie stellten sich im Kreis auf, machten sich gegenseitig Mut und dann ging es wieder los. Viele der Zuschauer feuerten Simon und seine Mannschaft an, aber irgendwann kippte die Stimmung.

»Die Juden spielen unfair, das sieht man doch!«, brüllte einer vom Spielfeldrand, und andere, die um ihn herumstanden, klatschten Beifall. Es wurde lauter. »Juden raus!«, grölten sie nun und steigerten sich in eine Wut, die weder Simons Eltern noch andere verstanden.

Herr Weiß wollte sich einmischen, zu den Randalierern rübergehen und sie zurechtweisen, doch seine Frau hielt ihn zurück.

»Die sind gewaltbereit, das siehst du doch, Aaron. Die werden dir gar nicht erst zuhören, wenn du mit ihnen zu reden versuchst. Verprügeln werden sie dich!«

»Aber hier muss doch irgendwer zuständig sein, dass solche Ausschreitungen unterbunden werden!« Auch andere Zuschauer schüttelten über das Verhalten der Randalierer den Kopf.

Was waren das für Menschen? Woher kamen sie? Warum waren sie hier? Spielten ihre Kinder in der gegnerischen Mannschaft, oder wollten sie einfach nur provozieren, weil hier die Mannschaft eines jüdischen Vereins spielte?

Frau Weiß schaute unentwegt zu ihnen hin, versuchte, sich Gesichter einzuprägen für den Fall, dass etwas Schlimmeres passieren würde.

Aaron Weiß hielt nichts mehr auf seinem Platz. Er machte sich auf die Suche nach einem Verantwortlichen für das Spiel und fand Herrn Fischer, dem er seine Beobachtungen schilderte.

»Das passiert leider öfter, dass einige Zuschauer ausfallend werden. Meist sind es Leute mit muslimischem Hintergrund. Sie differenzieren nicht, dass diese Kinder, die es ja noch sind, hier in Deutschland geboren wurden. Sie sehen in ihnen einfach »die Juden« und verbinden damit Israel. Und weil Israel der Feind ist, muss er bekämpft werden. So kommt der israelisch-arabische Konflikt hier zu uns und wird, mal mit lautem Gebrüll, manchmal aber auch mit Gewalt, auf unseren Sportplätzen ausgetragen.«

»Kann man denn nichts dagegen unternehmen? Ich meine, die Zuschauer vom Platz verweisen?« Simons Vater konnte das nicht verstehen.

»Doch«, meinte Herr Fischer, »wir haben das hier ganz gut im Blick. Die Polizei weiß, dass wir heute hier spielen, und kennt das schon. Ein Anruf genügt und wenige Minuten später sind sie mit ihren Einsatzwagen da.«

Simons Vater gab sich mit dieser Antwort nicht zufrieden.

»Kann denn nicht während des ganzen Spiels ein Streifenwagen hier stehen? Das würde die Situation doch bestimmt ein bisschen befrieden und die beiden Mannschaften könnten ungestört ihr Spiel machen.«

»Wir wollen aber nicht bloß unter Polizeischutz spielen«, entgegnete Herr Fischer. »Bei problematischen Spielen nehmen wir im Vorfeld Kontakt zu dem Verein auf, gegen den unsere Mannschaft antritt, und suchen gemeinsam nach Regelungen. Manchmal gelingt uns auf diesem Weg eine Deeskalation. Das ist für beide Vereine immer ein großer Vorteil. Manchmal sind solche Absprachen aber auch zwecklos. Dann reden wir mit der Polizei, dass sie sich bereithält.«

Herr Weiß war so in das Gespräch mit Herrn Fischer vertieft, dass er gar nicht mitbekam, wie die Mannschaft seines Sohnes in Führung ging. Die Spieler freuten sich, ein Teil der Zuschauer jubelte, unüberhörbar waren aber die Fans der gegnerischen Mannschaft, die den Schiedsrichter lauthals aufforderten, das Tor des Juden nicht anzuerkennen.

»Wer hat das gebrüllt?« Herr Weiß schreckte abrupt auf. »Rufen Sie die Polizei«, forderte er Herrn Fischer auf. »Das muss doch unterbunden werden. Das kann man doch nicht einfach durchgehen lassen!«

Herr Fischer schaute Herrn Weiß mit großen Augen an. »Sie sind zum ersten Mal hier, nicht wahr?«

»Was soll die Frage? Tun Sie endlich was! Sonst rufe ich selber die Polizei an.«

»Ich werde die Polizei anrufen«, meinte Herr Fischer gelassen, »aber das wird nicht viel bringen. Wir beide und sicher noch einige andere haben gehört, was da gebrüllt wurde. Doch sobald die Polizei diese Leute befragt, werden sie alles abstreiten. Wir haben das immer wieder erlebt.«

Tatsächlich war wenige Minuten später die Polizei mit zwei Einsatzwagen vor Ort. Die Beamten wussten, wo sie ihre Befragungen durchführen mussten.

Simons Vater beobachtete die Szene aus der Entfernung, sah, wie die befragten Zuschauer mit den Schultern zuckten, den Kopf schüttelten und den Beamten offensichtlich keine brauchbaren Antworten gaben.

Nach einiger Zeit zogen sich die Polizisten zurück, warteten aber in ihren Autos das Spielende ab. Offenbar wollten sie präsent sein, um eventuelle Ausschreitungen zu verhindern.

Auf dem Heimweg war Simon sichtlich enttäuscht. Er hatte nicht sein erträumtes Tor geschossen.

»Es war dein erstes Spiel«, tröstete ihn sein Vater. »Eure Mannschaft war wohl die bessere, deshalb habt ihr ja auch gewonnen, zwar nur knapp, aber Sieg ist Sieg.«

»Ich hab den einen Spieler nicht gefoult!«, platzte es plötzlich aus Simon heraus. »Der hat mich beleidigt!«

»So? Wie denn?«, wollte seine Mutter wissen.

»Er hat zu mir gesagt: ›Gib den Ball her, du Jude!‹«

Simons Mutter war empört.

»Genau das hat er zu mir gesagt! Ich hab mich geärgert, den Ball gestoppt und bin einfach stehen geblieben. Und dann hat der sich neben mir fallen lassen, gerade so, als hätte ich ihn gefoult. Und dafür haben die dann noch einen Freistoß bekommen!«

Simons Vater sagte ärgerlich: »Ich werde mit den zuständigen Leuten im Verein reden. Mal sehen, was die dazu sagen.«

»Papa«, versuchte ihn Simon mit ruhiger Stimme zu besänftigen. »Ich weiß, dass ich ein Jude bin, und auch viele andere Mitspieler sind Juden. Klar ist das blöd, wenn man mit diesem Wort beschimpft wird, aber der Verein ist gut, und wir alle möchten einfach nur Fußball spielen. Ich hatte bloß nicht mit einem solchen Satz gerechnet!«

Auch nach diesem Vorfall trainierte er weiter zweimal in der Woche und wurde für die nächsten Spiele erneut aufgestellt. Er hatte einfach Lust, Fußball zu spielen. Sein Trainer merkte das.

Simon zog immer schon zu Hause sein Trikot an, das mit dem Emblem des Vereins bedruckt war. Er dachte sich nichts dabei, war einfach nur stolz, dem Verein anzugehören, und wollte das gern auch nach außen zeigen.

Weil der Verein aber in der Öffentlichkeit als »Judenverein« bekannt war, wurden seine Mitglieder wie auch die Sportler immer wieder beleidigt und verhöhnt. Simon wusste das anfangs nicht.

Eines Tages baute sich plötzlich ein Jugendlicher vor ihm auf, beugte sich zu dem Abzeichen hin, schaute dann Simon in die Augen und fauchte ihn an: »Spielst du etwa in diesem Scheiß-Judenverein? Vertreiben sollte man euch! Euch alle!« Nachdem er einmal geräuschvoll Luft eingesogen hatte, fügte er zornig hinzu: »Dich will ich nicht noch mal hier sehen! Haben wir uns verstanden?«

Weder kannte Simon den Jugendlichen, noch wusste er, wie er sich verhalten sollte. Widerworte waren ihm in der Situation zu riskant. Außerdem wäre ihm auf die Schnelle auch gar nichts eingefallen. Eine Weile stand er nur völlig verblüfft da.

Seit diesem Erlebnis zog er über sein Trikot immer ein neutrales Sweatshirt. Seine Sporttasche trug er jetzt so, dass das Abzeichen von seinem Körper verdeckt war und es Passanten nicht erkennen konnten.

Bei einem der nächsten Spiele kam es zu einem Eklat. Ganz ohne Zwischenfälle ging überhaupt nur sehr selten ein Spiel zu Ende.

Seine Mannschaft führte verdient, weil die Gegner schlecht spielten und mit etlichen Ersatzspielern antreten mussten. Viele Zuschauer sahen das aber offenbar anders.

Zunächst hatten sie es auf den Schiedsrichter abgesehen und behaupteten, er sei parteiisch.

»Jagt diesen Judenfreund nach Auschwitz!«, brüllten einige, andere stimmten ein. Dann beschimpften sie ihn mit »Judenschwein« und »Judensau«, und schließlich skandierten sie: *»1 – 2 – 3 – Arbeit macht frei!«*

Als der Schiedsrichter daraufhin die Partie unterbrach, stürmten viele Zuschauer das Spielfeld. Sie rannten den Spielern des Makkabi-Vereins hinterher, versuchten sie einzuholen, riefen ihnen Schimpfworte wie »Judenschweine« und »Drecksjuden« zu und packten sie am Trikot, wenn sie einen erwischten.

Beide Mannschaften hatten bereits im Vorfeld geahnt, dass es zu Krawallen kommen würde. Doch sie konnten sich nicht drauf verständigen, die Zahl der Zuschauer drastisch zu begrenzen und nur die Eltern der Spieler zuzulassen. Deswegen hatte man frühzeitig die Polizei informiert, die mit einigen Einsatzwagen in der Nähe des Fußballplatzes stand, sodass sie schnell eingreifen konnte.

Simon beobachtete von einer sicheren Position aus, wie Polizisten einige Angreifer festnahmen und abführten. Andere hatten sich eilig davongemacht.

Ein paar Wochen später wurde das Spiel wiederholt. Zuschauer waren diesmal nicht zugelassen.

Trotz dieser ständigen Angriffe ging Simon weiter regelmäßig zum Training. Er liebte es, sich spielerisch weiterzuentwickeln, und freute sich jedes Mal, die andern aus dem Verein zu treffen. Und doch trainierte jede Woche zwei Mal die Angst mit.

Oma

»Was war eigentlich mit Oma Miriam?«, wollte Simon eines Abends wissen, als die Familie zusammen beim Essen saß. Dabei schaute er auf das Bild an der Wand und hoffte, dass es ihr als Kind besser ergangen war als Opa.

Sein Vater verstand nicht sofort, was sein Sohn meinte. In Gedanken war er noch im Büro.

»Wie hat Oma als Kind gelebt? So wie Opa oder ganz anders?«, erläuterte Simon seine Frage.

»Jetzt verstehe ich«, antwortete sein Vater. »Du willst wissen, ob es Oma ähnlich schlimm ergangen ist.«

»Genau. Sie lächelt so lieb auf dem Foto, da kann ich mir gar nicht vorstellen, dass sie vielleicht auch so viel Schreckliches erlebt hat.«

»Heute Abend aber nicht mehr«, gähnte ihn sein Vater an. Also wurde das Gespräch auf den Schabbat verschoben. Das waren nur noch zwei Tage, so lange konnte Simon warten. Diesmal würde seine Mutter erzählen.

Am Samstagnachmittag hockte er sich erwartungsvoll ins Wohnzimmer. Er ging nicht davon aus, dass auch sie mit ihm zum Main gehen würde, außerdem hatte es zu regnen begonnen.

Frau Weiß setzte sich mit einer Tasse Tee zu ihm auf die Couch.

»Kennst du die Geschichte von Oma Miriam? Sie ist ja nicht deine Mutter, sondern die von Papa«, fragte Simon.

»Ja, ich kenne sie genauso gut wie Papa. Wir haben, als deine Großeltern noch lebten, mit ihnen über alles gesprochen. Sie wollten erzählen. Ihre Erfahrungen sollten kein Geheimnis bleiben. Wir sind zum Main gelaufen, aber das weißt du ja bereits.« Seine Mutter lächelte ihn an. »Es freut mich, dass du dich für ihre Geschichte interessierst, auch wenn es für dich sicher nicht leicht ist, all das zu verstehen. Wirklich verstehen kann niemand, was damals passiert ist. Deswegen werde ich dir heute auch nur einen Teil von Omas Geschichte erzählen. Die Fortsetzungen folgen dann später mal, wenn du dazu bereit bist.«

Frau Weiß nahm einen Schluck Tee, lehnte sich auf der Couch zurück und schaute ihren Sohn lange an. Schließlich fand sie einen Anfang.

»Deine Oma war nur ein Jahr jünger als dein Opa. Sie wurde im Februar 1927 in Münster geboren. Ihr Vater war dort ein angesehener Rechtsanwalt. *Kanzlei Felix Berger* stand auf einem großen Messingschild, das neben der Haustür hing. Ihre Mutter war Pianistin. Bevor sie Kinder bekam, hatte sie in verschiedenen Orchestern gespielt, war in Clubs aufgetreten und als Solo-Pianistin. Sie hatten in Münster ein großes Haus, in das sie oft Freunde einluden. Dann wurde musiziert, gesungen und getanzt. Es müssen sehr ausgelassene Feste gewesen sein. Deine Oma erinnerte sich noch, wie sie nachts manchmal wach wurde, wenn die Gäste laut redeten, lachten und sangen. Dann schlich sie sich heimlich zu ihnen, schaute mit verschlafenen Augen in die Runde, bis ihre Mutter sie in den Arm nahm, küsste und auf die Couch bettete. Dort schlief sie dann wieder ein.«

Frau Weiß unterbrach sich. Sie erinnerte sich noch genau, wie ihre Schwiegermutter mit strahlenden Augen davon erzählt hatte. Doch gleich darauf hatte sich der Blick der alten Frau wieder getrübt.

»Es war ein Haus voller Musik. Jedes Kind sollte ein Instrument lernen. Es gab alle möglichen dort, ein Klavier, ein Cello, mehrere Geigen, einen Kontrabass und eine Querflöte. Deine Oma lernte Klavier, so wie ihre Mutter. Welche Instrumente ihre Geschwister spielten, weiß ich nicht mehr.«

»Was? Oma hatte Geschwister? Von denen hab ich noch nie was gehört.« Simon schaute seine Mutter vorwurfsvoll an. Warum hatten seine Eltern die bislang verschwiegen? Was war mit ihnen?

»Das kannst du auch nicht«, erklärte sie. »Sie leben nicht mehr. Wie auch immer, Oma war jedenfalls die Älteste. Sie hatte zwei Schwestern und einen Bruder. Eva, Carmen und Peter.«

»Sind die drei schon vor Oma gestorben?«, hakte Simon nach.

»Ja«, antwortete seine Mutter, »viel früher, aber das ist eine andere Geschichte, die ich dir später erzählen werde. Heute ist deine Oma dran.«

Simon nickte.

»Nachdem Adolf Hitler an die Macht kam – er wurde ja von der Bevölkerung gewählt, das darf man nicht vergessen –, setzten sehr bald die Repressalien gegen die jüdische Bevölkerung ein und nahmen immer weiter zu. Viele Familien entschieden sich, nicht nur die Stadt, sondern auch das Land zu verlassen, ähnlich wie es die Eltern deines Opas getan haben. Die Eltern deiner Oma wollten jedoch bleiben. Deine Oma und ihre Schwester gingen zur Schule, für sie gab es zu dieser Zeit noch keine größeren Einschränkungen. Oma Miriam war eine gute Schülerin, sie lernte gern, las viel und spielte jeden Tag Klavier. Alles andere interessierte sie nicht. Selbst wenn sie in der Schule mal wegen ihrer Religion gehänselt wurde, ignorierte sie das. Sie war stolz, Jüdin zu sein.

Auch ihr Vater sah keinen Anlass, die Stadt oder gar das Land zu verlassen. Er hatte ja die gut gehende Anwaltskanzlei mit mehreren Angestellten, die er nicht aufgeben wollte. Ihnen gegenüber fühlte er sich verantwortlich. Außerdem hoffte er, die Einschränkungen, die er sowohl beruflich als auch privat erlitt, würden bald wieder aufhören.

Doch es kam anders. Bereits am 1. April 1933 organisierte die Partei mithilfe der SA nicht nur den Boykott jüdischer Geschäfte, von dem dir Papa erzählt hat. Auch jüdische Ärzte, Anwälte und Professoren durften ihrem Beruf nicht mehr nachgehen. Gute deutsche Bürger, die stolz auf ihre arische Herkunft seien, sollten sich nicht mehr bei Juden beraten oder behandeln lassen. So brachen auch den Ärzten und Anwälten die Kunden, Klienten und Patienten weg. Nicht anders ging es den jüdischen Journalisten, als im Oktober 1933 das ›Schriftleitergesetz‹* in Kraft trat.

Wirklich schlimm wurde es für deinen Urgroßvater«, fuhr Frau Weiß fort, »als die Nazi-Regierung im September 1938 beschloss, dass alle jüdischen Rechtsanwälte ihre Zulassung verloren. Das bedeutete, dass er in seinem Beruf gar nicht mehr arbeiten durfte.«

»Wovon hat die Familie dann gelebt?« Simon konnte sich nicht vorstellen, wie man ohne Geld zurechtkommen sollte.

»Sie hatten Geld gespart«, erklärte ihm seine Mutter, »aber das wäre auf Dauer sicher zu wenig gewesen, um die große Familie zu ernähren und das Haus weiter zu unterhalten. Also mussten sie sich extrem einschränken, und deine Oma erinnerte sich noch, wie gerade die Kinder darunter litten. Abends mussten sie oft mit leerem Magen ins Bett und konnten vor Hunger nicht einschlafen. Aber es sollte noch schlimmer kommen.«

»Was kann denn noch schlimmer sein als so ein Hunger?«

»Das Schlimme war die Pogromnacht* oder Reichskristallnacht, wie sie später genannt wurde«, fuhr Simons Mutter fort.

Simon nickte. Davon hatte er schon mal gehört. Bei dem Wort »Kristallnacht« musste er jedes Mal an funkelnde Edelsteine oder die strahlenden Sterne am Himmel denken. Doch in Wirklichkeit bedeutete es etwas völlig anderes, das wusste er. Deswegen fragte er jetzt nach.

Frau Weiß sah ihren Sohn zögernd an. Doch Simon drängte sie. Er wollte mehr erfahren. Schließlich erzählte sie weiter.

»In der Nacht vom 9. auf den 10. November 1938 steckten SA-Männer in ganz Deutschland Synagogen, Bethäuser* und andere jüdische Einrichtungen in Brand, zerschlugen die Schaufenster jüdischer Geschäfte, plünderten sie und verhafteten Tausende Männer und Frauen. Die Menschen wurden mitten in der Nacht aus ihren Betten geholt und in Gefängnisse gebracht. Dort wurden sie geschlagen, viele auch einfach ermordet oder in Konzentrationslager gebracht. Der Hass auf Juden war riesengroß.«

»Und warum sagt man ›Kristallnacht‹?«

»Kristallnacht ist einfach eine Verharmlosung der Zerstörungswut in dieser Nacht. Wenn man das Wort hört, denkt man daran, dass etwas glitzert und funkelt. Na ja, wenn man so will, hat es ja auch geglitzert und gefunkelt, aber das war das Glas der zerbrochenen Fensterscheiben draußen auf den Straßen. Das Wort überdeckt, welche Gräueltaten in dieser Nacht an der jüdischen Bevölkerung verübt wurden. Menschliche Existenzen wurden vernichtet. Die Familie deiner Oma sollte es auch noch treffen.«

»Und wie?« Simon wollte unbedingt wissen, wie es mit seiner Oma und ihrer Familie weiterging.

»Das Haus blieb in der Pogromnacht unversehrt. Niemand zertrümmerte Fensterscheiben, niemand drang ein. Die Familie hoffte schon, verschont zu bleiben. Doch deine Uroma schien etwas zu ahnen, aber was wirklich auf sie zukam, hätte sie sich nicht in ihren schlimmsten

Albträumen vorstellen können. Ein paar Tage vor der Nacht hatte sie plötzlich angefangen, Koffer zu packen und Kleidung für die Kinder, für ihren Mann und für sich hineinzustopfen. Zwischen die Kleider legte sie alle Familienfotos, die in den letzten Jahren entstanden waren. Sie hatte mitbekommen, wie jüdische Familien meist nachts aus ihren Wohnungen geholt und deportiert wurden. Niemand wusste, was mit den Menschen geschah. Es gab Vermutungen, sie seien in irgendwelche Arbeitslager gebracht worden. Nachdem sie weg waren, hörte man nichts mehr von ihnen. All das, was sie zurückgelassen hatten, stand am nächsten Tag auf dem Bürgersteig und wurde verkauft: Möbel, Teppiche, Geschirr, Wäsche, einfach alles, was zu einem Haushalt gehört. Und schon bald waren die Wohnungen neu vermietet.

Deine Uroma rechnete wohl damit, dass auch ihre Familie abgeholt würde, und wollte vorbereitet sein. Mit ihrer Ahnung sollte sie recht behalten. Eine Woche nach der Pogromnacht standen SA-Männer vor dem Haus und forderten deinen Uropa auf, ein paar Sachen zu packen, in einer Stunde müssten sie fertig sein. Deine Oma, die damals ja noch ein Kind war, erinnerte sich später, wie sie drei Pullover und ihren Wintermantel übereinander anziehen musste. Genauso ging es ihren Geschwistern und ihren Eltern. Alle trugen mehrere Kleiderschichten am Körper. Sie würden nun eine neue Unterkunft in der Stadt bekommen, erklärten die Uniformierten.

So landeten sie in dem sogenannten Judenhaus. Der fünfköpfigen Familie wurden zwei Zimmer zugewiesen, die sie sich mit einem weiteren Bewohner teilen mussten. Küche, Bad und Toiletten wurden von vielen anderen Familien mitgenutzt. Deine Oma erinnerte sich besonders an die ersten Nächte in der neuen Bleibe. Es war kalt, weil es keine Heizung gab, es gab nicht genügend Matratzen, sodass einige auf dem Fußboden schlafen mussten, und zum Zudecken gab es nur die Kleider, die die Mutter in die Koffer gepackt hatte.«

Simons Oma hatte nicht mehr viele Erinnerungen an dieses Judenhaus gehabt oder vielleicht wollte sie sich auch nicht an die Einzelheiten erinnern. Sie wusste nur noch, dass es im Haus immer laut war, weil dort so viele Familien mit Kindern wohnten. Sie wusste, dass es oft Streit gab, wer wann die Küche benutzen durfte, und die größten Auseinandersetzungen gab es um die Toiletten. Mal funktionierte die Wasserspülung nicht, mal verbrachte jemand zu viel Zeit dort, um in Ruhe zu lesen, während vor der Tür schon die Nächsten Schlange standen.

Für die Kinder, die in dem Haus lebten, gab es dort eine Schule, die aus einem kleinen Klassenraum bestand. Für Oma und ihre Geschwister war das jeden Tag eine willkommene Abwechslung, der Enge in der Wohnung zu entkommen, obwohl der Klassenraum auch nicht groß war. Doch hier hatten sie eine Aufgabe, hier konnten sie etwas lernen. Oma, die eine Leseratte war, konnte in Büchern versinken und alles um sich herum vergessen. Sie las sich förmlich in eine andere Welt.

Wie die anderen Kinder durfte auch sie das Haus nur selten verlassen, und wenn, dann endete die Freiheit schon an der Bordsteinkante. Nur selten ging sie, dann aber zusammen mit den Eltern, in die Stadt. Dort gab es für sie nicht viel zu erledigen, außer ab und an zu fest vorgegebenen Zeiten ein paar Lebensmittel einzukaufen. Aber sie gingen trotzdem, bloß um mal rauszukommen. Wann sie einkaufen durften, stand auf Schildern an den Eingangstüren der Läden. *Für Juden geöffnet von 16.00 bis 17.00 Uhr.* Die Regale waren um diese Zeit natürlich meistens schon leer.

Es gab auch einen kleinen Hinterhof, in dem die Kinder in der ersten Zeit noch spielen konnten. Doch schon bald stapelte sich dort der Abfall. Manchmal wühlten die Kinder darin herum. Sie hofften, bei ihrer Suche noch etwas Verwertbares zu finden. Ein zerbrochenes Spielzeug oder irgendwas, das mit Fantasie zu einem Spielzeug wurde.

»Deine Oma erinnerte sich gut daran, wie sie einmal auf dem Weg in die Stadt einer Klassenkameradin aus der früheren Volksschule begegnete. Oma freute sich, ein bekanntes Gesicht zu sehen, wollte auf sie zugehen, sie begrüßen und ein bisschen mit ihr reden. Doch die Klassenkameradin – Ilse hieß sie, das wusste Oma noch ganz genau – schaute sie nur verächtlich an. ›Du Jüdin‹ habe sie zwischen den Zähnen herausgepresst, vor ihr ausgespuckt und sei weggegangen.«

»Puh«, machte Simon, »das ist ja so wie bei meinem ersten Fußballspiel!« Er erinnerte sich noch genau an die Szene, aber konnte man das mit den Erlebnissen seiner Oma vergleichen?

»Die Zeit hatte sich wie ein graues Tuch über das Haus gelegt. Ein Tag war wie der andere, eine Woche wie die nächste, selbst die Jahreszeiten schienen gleich. Es gab kein Frühlingserwachen in der Natur, keinen Sommer, den sie früher im Garten oder im Freibad verbracht hatten, und der Herbst und Winter war einfach nur trist und kalt.

Neu war irgendwann nur, dass sie einen Judenstern* als gelbe Armbinde an ihrer Kleidung tragen mussten, wenn sie das Haus verließen. Im September 1941 führten die Nazis das Gesetz ein, damit man Juden sofort erkannte. Nachdem Oma ein paar Mal erlebt hatte, wie sie und ihre Eltern auf der Straße beschimpft und beleidigt wurden, wollte sie nie mehr in die Stadt.

Die Familie blieb bis zum Sommer 1942 in dem Haus. Am 31. Juli mussten sie sich, zusammen mit vielen anderen jüdischen Familien, am Bahnhof einfinden. SA-Männer begleiteten sie mit ihren Schusswaffen, damit niemand fliehen konnte. Am Bahnhof stand schon ein Zug bereit. Es waren alte, enge und unbequeme Waggons, in denen längst nicht alle auf den schmalen und harten Holzbänken Platz fanden. Zuerst durften die Alten und Kranken sich hinsetzen, danach Frauen mit ihren Kleinkindern. Die meisten aber mussten sich auf den Boden hocken, wenn sie nicht die ganze Reise über stehen wollten. Es war eine lange Fahrt, die drei Nächte und drei Tage dauerte. Dann waren sie an ihrem Zielort, dem Konzentrationslager Theresienstadt*. Fortsetzung folgt«, sagte Simons Mutter sichtlich erschöpft.

Auch Simon war froh, dass seine Mutter erst mal nicht weitererzählte. Er war müde, müde vom Zuhören, müde vom Nachdenken und von der Vorstellung, wie es Oma Miriam und ihrer Familie ergangen war. Oma, ging es ihm durch den Kopf, das klingt so nach alter Frau. Aber damals war sie ein Kind, nur wenig älter als er.

Freunde

Auf dem Bolzplatz herrschte Hochbetrieb. Kein Wunder, dachte Simon, bei dem Wetter hockt keiner zu Hause und zockt irgendwelche Computerspiele. Auch er wollte raus, rennen, Fußball spielen, sich austoben. Viel zu lange hatte er schon an seinen Hausaufgaben gesessen, bis auch die letzte Matheaufgabe gelöst war. In letzter Zeit saß er ohnehin länger an seinen Aufgaben, weil ihm zwischendurch immer wieder Oma und Opa durch den Kopf gingen. Hatten sie auch Hausaufgaben machen müssen? Hatten sie Lust zu lernen oder hatten sie andere Sorgen gehabt? Er hätte sie gerne gefragt, mit ihnen über die Zeit geredet. Seine Eltern hatten ihm zwar schon viel erzählt, doch irgendwie fehlte noch was, etwas, das nur die Großeltern hätten erzählen können.

Aber an diesem sonnigen Tag wollte er einfach bloß raus.

Auf dem Bolzplatz spielten schon zwei Mannschaften. Es waren vorwiegend fremde Jungen, die er noch nie dort gesehen hatte. Manche von ihnen schienen schon etwas älter. Wo kamen die plötzlich her? Wohnten sie auch in Simons Viertel? Zwei oder drei Gesichter kamen ihm aber bekannt vor. Er schaute zu ihnen rüber, winkte kurz, als das Spiel wegen eines Fouls unterbrochen wurde.

Einen der Jungen erkannte er jetzt. Es war Max. Ihn hatte er schon ein paar Mal auf dem Bolzplatz getroffen und mit ihm zusammen gekickt. Max winkte ihm. Komm, sollte das heißen. Etwas unsicher ging Simon aufs Spielfeld. Max sprach mit den Spielern der beiden Mannschaften und erklärte, dass Simon in seinem Team mitspiele, sie seien ja in der Minderzahl, was sich auch im Spielstand widerspiegele. Ein kurzes Nicken aller Beteiligten und Simon war dabei.

Simon stürmte los, griff an, eroberte sich Bälle, dribbelte und schoss. Mal eine Flanke in die Sturmspitze, mal gegen den Torpfosten, aber auch zweimal rein. Unhaltbar! Nicht nur die eigenen Leute freuten sich über die Verstärkung, auch bei der gegnerischen Mannschaft fand er Anerkennung für seine Leistung.

»Spielst du in einem Verein?«, fragte nach dem Spiel einer der Jungs, der sich als Alex vorstellte. »Du bist echt gut!«

Simon strahlte und nickte.

»In welchem Verein spielst du?«, bohrte Alex nach.

Simon zögerte.

Wieso schiebe ich in Gedanken eigentlich einen Riegel vor die Antwort?, fragte er sich plötzlich, nachdem er den Namen nicht rausgelassen hatte. Warum kann ich nicht sagen, in welchem Verein ich bin? Was ist so schlimm daran? Hab ich Angst vor der Reaktion?

Auch Max verstand Simons Schweigen nicht. Deshalb antwortete er schließlich für ihn. Max fand den Verein total in Ordnung.

»Was? Da spielst du?«, war die Reaktion nicht nur bei Alex, sondern auch bei einigen anderen Jungs.

»Das ist doch so ein Juden-Verein«, wusste einer, und ein anderer, der Uwe hieß, meinte: »Mein Gott, wie kann man nur mit Juden Fußball spielen?«

»Hast du ein Problem damit?«, fuhr Max ihn an.

Jetzt mischte sich Sascha ein.

»Ich wusste gar nicht, dass es überhaupt noch Juden in Deutschland gibt«, frotzelte er. »Ich dachte, die sind alle tot oder nach Israel ausgewandert.« Er stellte sich an die Seite von Uwe, wo auch Alex schon stand. Die drei bildeten eine Front gegen Simon und Max. Die Übrigen, die drum herumstanden, schienen unentschlossen, auf welche Seite sie sich schlagen sollten. Einige lachten verlegen, andere machten deutlich, dass sie der Streit nicht interessierte. Sie wollten lieber noch Fußball spielen.

»Zufällig sind nicht alle tot und auch nicht ausgewandert!« Simon hatte Mut gefasst und mischte sich ein. »Zufällig bin ich einer von denen, die noch hier leben. Ich bin weder tot noch in Israel. Viele Familien leben hier, sowohl in Frankfurt als auch in anderen Städten Deutschlands. Und ich *bin* Deutscher, genau wie ihr!«

»Was, du bist wirklich ein Jude?« Alex konnte es offenbar nicht fassen. »Du bist der erste Jude, den ich in meinem Leben sehe! Ich dachte immer, man sieht denen …«

»Jetzt krieg dich mal ein«, unterbrach ihn Max. »Er wohnt hier, er kann Fußball spielen, er geht hier zur Schule, vielleicht hast du ihn sogar schon mal irgendwo gesehen, und er ist dir gar nicht als Jude aufgefallen. Wie denn auch?«

»Ich dachte, die haben alle so Schläfenlocken, sind schwarz gekleidet, egal, ob im Sommer oder im Winter, und tragen auch einen schwarzen Hut mit breiter Krempe.«

»Und in Bayern tragen alle Männer Lederhosen, und alle Frauen laufen im Dirndl rum«, hielt Simon dagegen. »Klar gibt es Juden, die so gekleidet sind, aber es gibt eben auch die andern, die sich im Äußern kein bisschen von euch unterscheiden.«

»Klugscheißer!«, fauchte Alex und ging auf Simon los. Max stellte sich vor ihn. »Lass ihn in Ruhe!«

»Ist ja schon gut, Judenfreund.« Alex sah Max verächtlich an. »Jungs, lasst uns noch 'ne Runde drehen, mal sehen, ob wir irgendwo noch was aufmischen können!« Er hob die Hand zum Aufbruch, doch nur einige wenige folgten ihm. Alle anderen blieben zurück, schauten sich an und waren sich einig, lieber weiter Fußball zu spielen.

Max und sein Freund Matthias, der sich bei der Auseinandersetzung herausgehalten hatte, begleiteten Simon auf seinem Heimweg.

»Gibt es öfter so Typen wie den Alex, die dich blöd anmachen?«, wollte Matthias wissen. Er konnte das nicht verstehen.

»Manchmal«, antwortete Simon. »Wenn wir ein Fußballspiel haben, werden wir mal von Zuschauern, aber oft auch von Spielern mit ›Jude‹ oder ›Drecksjude‹ beleidigt.«

»Was?« Max schüttelte den Kopf. »Wenn man so angepöbelt wird, kann man doch gar nicht mehr richtig spielen?«

»Stimmt«, gab Simon zu, »aber was sollen wir machen? Wir sind ja nicht nur jüdische Spieler in dem Verein. Auch Muslime, Christen und sogar welche, die keiner Religion angehören, spielen bei uns mit. Doch weil es ein jüdischer Verein ist, sind wir eben alle Juden. Oft werden unsere Spiele auch von der Polizei bewacht. Aber die bösartigen Sticheleien, die wir von den Spielern der gegnerischen Mannschaft oder von Zuschauern am Spielfeldrand zu hören bekommen, können die auch nicht verhindern, weil die Leute im Ernstfall zusammenhalten und alles abstreiten.«

»Und wie ist es bei dir an der Schule?«, fragte Max. »Wissen deine Mitschüler, dass du Jude bist?«.

Simon lachte. »Wir sind fast alle Juden, ich geh auf eine jüdische Schule. Es gibt aber auch einige Christen bei uns. Doch wir werden alle gleich behandelt. Niemand wird beleidigt, weil er eine andere Religion hat.«

»So was gibt es?« Das war jetzt Matthias, der Simon fragend anschaute. »Ich hab überhaupt nicht gewusst, dass so eine Schule existiert!«

Sie liefen ein Stück weiter, bevor Matthias fragte: »Ist es gut an deiner Schule? Willst du immer dort bleiben?«

»Mal sehen«, antwortete Simon, »die Schule ist eigentlich ganz okay, nur komm ich mir manchmal dort eingesperrt vor. Die Schule liegt versteckt hinter einem großen Verwaltungsgebäude. Von der Straße aus würde man nicht vermuten, dass es dahinter noch ein Gebäude gibt, geschweige denn eine Schule! Die Türen sind immer abgeschlossen, man kann dort nicht einfach rein oder raus.«

»Das versteh ich nicht!« Max blieb abrupt stehen. »Bei uns an der Schule kann jeder kommen und gehen, wann er will. Warum ist das bei euch anders?«

»Das erkläre ich euch irgendwann mal, jetzt muss ich nach Hause, sonst krieg ich Stress mit meinen Eltern.«

Wie Freunde, die sich schon lange kennen, klatschten sie sich ab, dann trennten sie sich.

Seit diesem Nachmittag trafen sich die drei Jungs regelmäßig. Nicht jedes Mal spielten sie Fußball, oft streiften sie auch durch die Stadt, liefen am Main entlang, gingen ins Schwimmbad, besuchten Eisdielen, und an einem dieser Tage erklärte Simon ihnen endlich, warum an seiner Schule so sehr auf Sicherheit geachtet werde.

Sie schauten ihn mit großen Augen an und bedauerten Simon, dass er in eine so streng bewachte Schule gehen musste.

»Hättest du nicht Lust, mit uns aufs Gymnasium zu gehen? Matthias und ich werden dort zusammen in einer Klasse sein. Wär doch cool, wenn du mitkommen könntest.«

»Das hab ich auch schon mal überlegt«, sagte Simon kleinlaut. »Aber ich glaub, meine Eltern wären dagegen. Vor ein paar Wochen hab ich's mal angesprochen, doch die haben bloß mit dem Kopf geschüttelt und gemeint, einen Schulwechsel könnte man in ein paar Jahren noch mal besprechen. Ich glaub, die wollen mich einfach noch in dieser beschützten Schule lassen. Dann müssen sie sich keine Gedanken um meine Sicherheit machen.«

Max schaute zuerst auf Matthias, dann auf Simon und schließlich an sich hinab. Sie waren drei Jungs, alle im gleichen Alter und mit ähnlichen Interessen. Warum brauchte einer von ihnen so viel Schutz? Er fand darauf keine Antwort. Wen konnte er fragen? Seine Eltern? Die Lehrer in der Schule? Probieren wollte er es.

Sein Vater hielt ihm einen langen Vortrag über Antisemitismus, der sich schon seit Jahrhunderten durch die Generationen ziehe und immer noch nicht überwunden sei. Er müsse unbedingt mit allen Mitteln bekämpft werden, schließlich lebten sie ja in einer zivilisierten Gesellschaft. Wieso er sich denn überhaupt mit dem Thema auseinandersetze, wollte der Vater schließlich wissen.

Max erzählte alles über Simon, was er von ihm erfahren hatte.

»So, du hast also einen jüdischen Freund«, meinte sein Vater und sah seinem Sohn direkt in die Augen. »Na, vielleicht ist es dann ja wirklich besser, wenn er in der jüdischen Schule bleibt. Dort ist er auf jeden Fall sicher.«

Mit dieser Antwort wollte sich Max nicht zufriedengeben. Doch als er seinen Lehrer in der Grundschule fragte, bekam er auch nur eine unbefriedigende Antwort.

»Weißt du«, begann der Lehrer, »du wirst jetzt bald aufs Gymnasium wechseln. Im Geschichtsunterricht dort wirst du sicher eine ganze Menge darüber erfahren. Viel mehr, als ich dir jetzt erklären könnte.«

Max und Matthias wechselten nach den Sommerferien aufs Gymnasium und kamen auch in die gleiche Klasse, Simon blieb an seiner Schule und besuchte dort nun den Gymnasialzweig.

Sooft sie Zeit hatten, trafen sich die drei weiter am Nachmittag zum Fußballspielen oder für andere Dinge, zu denen sie Lust hatten. Sie blieben Freunde.

Bar Mizwa*

Ein Schulwechsel, wie ihn sich Simon beim Übertritt aufs Gymnasium einmal gewünscht hatte, war für seine Eltern auch Jahre danach kein ernsthaftes Thema. Er selber hätte sich gut vorstellen können, mit Max und Matthias in dieselbe Schule zu gehen.

Doch auch für ihn trat der Gedanke im Laufe der Zeit immer mehr in den Hintergrund. Er fühlte sich wohl in seiner Schule, trotz aller Sicherheitsmaßnahmen. Denn hier musste er sich nie mit judenfeindlichen Äußerungen auseinandersetzen und konnte sich ganz aufs Lernen konzentrieren. Simon war ein guter Schüler.

Aber sooft es die Zeit zuließ, traf er sich weiter mit Max und Matthias. Die Interessen der drei Freunde veränderten sich. Es war immer seltener der Bolzplatz, der sie anzog, lieber schlenderten sie durch die Stadt, verabredeten sich mit Mädchen in Eisdielen oder am Main, gingen zusammen ins Kino, und an manchen Tagen trafen sie sich auch bei einem von ihnen zu Hause. Jeder der drei hatte ein eigenes Zimmer, in das sie sich zurückziehen konnten, wenn sie einander besuchten. Dort konnten sie ungestört abhängen, Musik hören, neue Computerspiele ausprobieren oder einfach nur reden. Simon liebte diese Tage zusammen mit seinen Freunden.

Eines Tages erzählte Simon, dass bei ihm bald ein großes Fest anstand. Seine Bar Mizwa.

»Deine was?«, fragte Max, und auch Matthias schaute ihn fragend an. Den Begriff hatten beide noch nie gehört.

»Meine Bar Mizwa. Wenn bei uns ein Junge dreizehn wird, ist er religiös mündig. Das wird natürlich groß gefeiert.«

»Ist das so was wie bei den evangelischen Christen die Konfirmation und bei den Katholiken die Kommunion?«, fragte Matthias, denn darunter konnte er sich etwas vorstellen. Die Konfirmation stand bei ihm im nächsten Jahr an. Zur Vorbereitung musste er jetzt schon jede Woche zum Konfirmandenunterricht. Neben dem Kennenlernen der Bibel wurde dort auch über aktuelle Fragen gesprochen.

»Ja, das kann man wahrscheinlich vergleichen, auch wenn ich mich mit deiner Religion nicht so auskenne.«

»Und was macht ihr bei der Bar-Mizwa?« Max hatte überhaupt keine Vorstellung davon. Er wusste auch nicht viel über Konfirmation oder Kommunion, weil er gar keiner Religionsgemeinschaft angehörte.

»Die Feier besteht aus zwei Teilen«, erklärte Simon. »Während des Gottesdienstes lesen wir einen Abschnitt aus der Tora* und den Prophetenbüchern vor, alles im Originalwortlaut auf Hebräisch.«

»Auf Hebräisch? Kannst du das denn?«, kam es fast gleichzeitig aus dem Mund seiner Freunde.

»Wir haben das natürlich vorher geübt.« Ohne die einjährige Vorbereitung hätte Simon es auch nicht hinbekommen.

»Mit der Feier und unserem Vortrag, der nicht gesprochen, sondern gesungen wird, werden wir zum ersten Mal in die Gestaltung eines Gottesdienstes einbezogen und in der Gemeinde als vollwertige Mitglieder aufgenommen. Hinterher gibt es einen Imbiss, den die Eltern bereitstellen. Das eigentliche Fest kommt dann entweder am Abend oder am nächsten Tag. Da kommen Verwandte und Freunde der Familie zusammen. Ich war mal auf einer Feier, da waren mehr als hundert Gäste eingeladen.«

Max und Matthias kamen aus dem Staunen nicht heraus.

»Und gibt es bei euch auch Geschenke?«, wollten sie wissen.

»Klar.« Simon schaute seine Freunde nachdenklich an. Was stellten sie sich als Geschenke vor?

»Das mit den Geschenken ist vermutlich so wie bei allen anderen Festen auch. Ganz oft sind es irgendwelche Verlegenheitssachen, die kein Mensch wirklich braucht. Aber …« Er machte eine kleine Pause und dachte nach. »Am meisten freue ich mich, wenn mir meine Eltern eine Kette mit einem Davidstern schenken. Das ist nur ein Symbol, doch die Kette zeigt, dass man nun dazugehört, dass man in die Welt der Erwachsenen aufgenommen ist.«

»Eine Kette mit einem Stern?«, fragte Max ungläubig.

»Ja«, sagte Simon. »Wisst ihr was? Ich lade euch zu meiner Bar-Mizwa-Feier ein. Dann kriegt ihr das alles hautnah mit.«

»Okay«, grinste Matthias, »und dann bringen wir dir auch so ein Geschenk mit, mit dem du nichts anfangen kannst. Aber weil wir ja Freunde sind, kannst du es nicht einfach im Keller verschwinden lassen, sondern es muss hier immer sichtbar rumstehen.«

»Ja, ich bitte darum! Die größte Scheußlichkeit, die ihr auftreiben könnt. So, aber jetzt genug davon. Ich will noch mal raus.«

»Wann ist denn das Fest?«

»Am ersten Schabbat nach meinem dreizehnten Geburtstag, also in vier Wochen.«

»Und wir können da einfach so hinkommen? Ich meine, wir sind ja nicht jüdisch?«

»Wenn ich euch einlade, gehört ihr zu den Gästen. So, und jetzt gehen wir!«

Die beiden letzten Nachmittagsstunden verbrachten sie wieder mal auf dem Bolzplatz. Sie fragten die Jungs auf dem Platz, ob sie mitmachen könnten, und spielten dann fast bis zum Einbruch der Dunkelheit.

Die nächsten Wochen vergingen wie im Flug. Während sich Max und Matthias Gedanken machten, was sie ihrem Freund schenken könnten, ging Simon wieder und wieder den Ablauf der Bar-Mizwa-Feier in der Synagoge durch.

Zum ersten Mal würde er dort die Gebetskleidung tragen, die Kippa, den Gebetsmantel – oder wie es korrekt heißt, den Tallit* – und die Tefillin*, die Gebetsriemen. Und dann war da die Lesung aus der Tora und dem Buch der Propheten. Auch wenn er alles hundertmal geübt hatte, war er immer noch aufgeregt.

Als der Tag endlich kam, war die Familie viel zu früh in der Synagoge, doch Simon hätte es zu Hause nicht länger ausgehalten. Gut, dass der Rabbi* schon da war und ihn beruhigte.

Er zeigte ihm, wie er den Tallit umlegen musste, und sein Vater half ihm, die Tefillin anzulegen. Denn die müssen nach einem ganz bestimmten System um den Arm und die Finger gewickelt werden.

Simon schaute nervös. Max und Matthias waren gekommen. Sie saßen in einer der hinteren Reihen und trugen eine Kippa, wie es im jüdischen Glauben für männliche Teilnehmer in der Synagoge vorgeschrieben ist. Bevor die beiden Jungen eingetreten waren, hatten sie sich gewundert, dass ein Einsatzwagen der Polizei vor dem Gotteshaus stand.

»Was machen die denn hier?«, hatte Matthias überlegt. »Hier ist doch alles ruhig!«

»Vielleicht deswegen, weil sie dort stehen«, meinte Max und sah sich um. Es war das erste Mal für ihn, dass die Polizei ein Gebäude bewachte, in das er hineinwollte.

»Meinst du, Simon hat auch ein komisches Gefühl, weil die Polizei die Synagoge bewachen muss?«, fragte er seinen Freund.

»Vielleicht hat er sich ja schon dran gewöhnt«, antwortete Matthias, aber sicher war er sich nicht.

Es war ein ungewohntes Bild für Max und Matthias, Simon dort vorne mit Kippa, Gebetsmantel und den Gebetsriemen stehen zu sehen. Und als er anfing, in einem Singsang aus der Tora vorzulesen, kam er ihnen völlig fremd vor. Sie verstanden kein einziges Wort, bewunderten aber die Ernsthaftigkeit, mit der er las. Schließlich bekannte er in deutscher Sprache, ab sofort sämtliche jüdischen Gebote zu achten.

Die Gottesdienstbesucher freuten sich über das neue Gemeindemitglied, strahlten und nickten. Nur Simons Eltern verhielten sich anders. Genau konnten Max und Matthias es von ihrer Bank aus nicht sehen, doch Simons Mutter hatte, als sie sich einmal zu ihnen umdrehte, eindeutig Tränen in den Augen. Wieso Tränen? Warum freute sie sich nicht wie alle anderen in der Synagoge? Oder waren es Freudentränen, weil ihr Sohn jetzt zu den Erwachsenen gehörte?

Zum Schluss sang die Gemeinde ein Lied. Matthias, der schon öfter Gottesdienste in seiner Kirche besucht hatte, wunderte sich, wie fröhlich das Lied gesungen und dass dazu sogar geklatscht wurde. Das kannte er aus der evangelischen Kirche nicht. Doch es gefiel ihm. Selbst die älteren Gottesdienstbesucher machten begeistert mit. Seinen Opa konnte er sich hier nicht vorstellen. Der saß in der Kirche immer nur reglos und stumm da. Matthias war froh, den Gottesdienst miterlebt zu haben. Auch Max schien zufrieden. Er beobachtete die Männer, wie sie, bevor sie die Synagoge verließen, ihre Kippa abnahmen und in die Jackentasche steckten.

Warum lassen sie die nicht auf dem Kopf?, überlegte er. Die gehört doch zu ihnen, die ist doch ein Ausdruck ihrer Religion.

Aber dann fiel ihm ein, wie Simon einmal erzählt hatte, dass Juden, wenn sie sich öffentlich zu ihrer Religion bekannten, in der Stadt oder im Bus angefeindet wurden.

»Ein Freund meiner Eltern, der immer seine Kippa trägt, wird dafür oft angespuckt. Von jungen Leuten, von alten Leuten, von Deutschen, von Muslimen, egal. Sie sehen die Kippa und spucken vor ihm aus«, hatte Simon ihnen erzählt.

Waren die Menschen so intolerant? Konnten sie keine anderen Religionen akzeptieren? Was hatten sie gegen die jüdische Religion? Oder war es nicht die Religion, sondern waren es vielmehr die Menschen, die der Religion angehörten? Hatte es etwas mit dem Holocaust zu tun, von dem Matthias noch viel zu wenig wusste? Mehrere Millionen Juden sollten ermordet worden sein. Er verstand das nicht. Er konnte es sich nicht vorstellen. Das waren doch Menschen, Menschen, wie sie auch jetzt hier um ihn herum auf dem Platz standen? Warum?

Als sie den Vorplatz der Synagoge erreicht hatten, entdeckten sie Simon, umringt von Verwandten und Freunden der Familie. Die Leute umarmten ihn und gratulierten zu seiner Bar Mizwa. Als sich die Menschentraube endlich auflöste, kam Simon auf die beiden zu.

»Ich bin froh, dass ihr hier seid«, sagte er mit einem Lächeln. »Wir gehen jetzt zu mir nach Hause, dort gibt es noch ein Fest.«

»Wissen deine Eltern denn, dass wir kommen?«

»Klar wissen sie das, ihr seid ja eingeladen.«

Die Möbel im Wohnzimmer des Hauses waren entweder rausgeräumt oder zur Seite geschoben worden. In der Mitte stand ein großes Buffet. Alles Essen war koscher* zubereitet. Auch die Getränke wie Bier, Wein oder Saft waren koscher.

»Schmeckt echt gut!«, strahlte Max, nachdem er anfangs ein bisschen zögerlich gewesen war. »Was ist koscheres Essen?« Darunter konnte er sich nichts vorstellen. Alles sah doch ganz normal aus!

Simon erklärte ihm, was koscheres Essen bedeutet. »In einem Abschnitt der Tora sind die jüdischen Speiseregeln festgeschrieben. So müssen zum Beispiel fleischhaltige und milchhaltige Speisen getrennt aufbewahrt und zubereitet werden. Man darf sie auch nicht zusammen essen. Obst, Gemüse und Getreideprodukte sind davon ausgenommen. Du kannst also gerne zum Fleisch ein Stück Brot und auch Salat essen. Nur mit dem Pudding musst du warten, weil der mit Milch zubereitet wird.«

»Warten? Wie lange denn?«

»Sofern du unsere Regeln befolgen willst, mindestens eine halbe Stunde.«

»Wenn ich mir die Fleischplatten hier anschaue, vermute ich mal, dass da kein Schweinefleisch dabei ist, richtig?« Max ließ seinen Blick noch einmal über das Buffet wandern.

»Genau«, sagte Simon, »Schweinefleisch und Wildfleisch sind nicht koscher. Wir essen nur Fleisch von wiederkäuenden Paarhufern, also Kühen, Ziegen und Schafen. Geflügel wie Huhn, Ente und Gans sind auch erlaubt und stehen oft auf unserem Speisezettel. Diese Tiere gelten als neutral. Und dann gibt es ja auch noch Fisch, bei uns allerdings mit der Einschränkung, dass sie Flossen und Schuppen haben müssen.«

»Puh, ist das kompliziert.«

»Vielleicht für Außenstehende, für uns ist es aber normaler Alltag. Wir denken gar nicht mehr viel drüber nach. Wir haben eben zwei Kühlschränke. Im einen werden die milchhaltigen Speisen aufbewahrt, in dem anderen die fleischhaltigen. Ganz streng genommen müssten wir sogar zwei Küchen haben, aber für einen normalen Haushalt genügt es, die Speisen in unterschiedlichen Töpfen oder Pfannen zuzubereiten. Aber genug an Erklärungen, jetzt lasst es euch schmecken!«

Nach dem Essen wurde Musik gemacht und getanzt. Es war eine andere Musik, und es waren auch andere Tänze, als die beiden Freunde sie von ihren Festen kannten.

»Das ist Klezmer-Musik*«, erklärte Simon.

»Sie gibt so richtig die Lebensfreude der Menschen hier wieder«, fand Max. Er konnte sich gar nicht sattsehen, wie die meisten Gäste, ob jung oder alt, Kreistänze vorführten, dabei klatschten und mitsangen.

Bevor sie sich am frühen Abend von Simon verabschiedeten, wollten die beiden ihm noch das Geschenk überreichen, das sie für ihn besorgt hatten.

»Muss ich es im Keller oder auf dem Speicher verstecken?«, fragte Simon lachend.

»Die Garage könnte auch noch ein passender Ort sein.« Max grinste. Dann gaben sie ihm das kunstvoll eingepackte Teil. Vorsichtig löste Simon die Klebestreifen, und was zum Vorschein kam, machte ihn sprachlos.

Es war ein Buch, nein, es war mehr als ein Buch, es war Buchkunst. Ein Davidstern, gefaltet aus den Seiten eines Buchs. Simon freute sich, das sah man ihm an.

»Und was soll ich jetzt in den Keller stellen? Ich hab extra schon einen Platz freigeräumt!« Er nahm seine beiden Freunde in den Arm und drückte sie fest an sich.

»Es war schön, dass ihr gekommen seid. Und euer Geschenk, das kriegt einen Ehrenplatz in meinem Bücherregal. Immer, wenn ihr kommt, könnt ihr es dort bestaunen. Es ist wunderschön, danke!«

Max und Matthias verabschiedeten sich auch noch von Simons Eltern und machten sich dann auf den Heimweg.

»Ich finde, mehr Menschen müssten solche Feste wie das heute erleben. Dann gäb es vielleicht weniger Vorurteile«, sagte Max nachdenklich. Neben dem Gottesdienst hatte ihn besonders die Lebensfreude der Menschen beeindruckt.

Matthias nickte. Er hatte die Musik noch im Ohr und pfiff sie jetzt leise vor sich hin.

Schulwechsel

Endlich hatte er es doch geschafft. Mit vielen Argumenten musste Simon seine Eltern überreden, ihn an dem Gymnasium anzumelden, wo auch seine Freunde Max und Matthias waren. Er wollte raus aus dem Hochsicherheitstrakt der jüdischen Schule, wie er es nannte. Neun Jahre war er nun dort und besonders die beiden letzten Jahre hatten den Drang nach mehr Eigenständigkeit bei ihm immer weiter verstärkt. Er wollte nicht mehr von einem Bus abgeholt und zur sicheren heimischen Haustür zurückgekarrt werden. Er fühlte sich alt und stark genug, den Schulweg allein zu gehen. Er konnte Verantwortung für sich übernehmen, besonders nach seiner Bar Mizwa. Er fühlte sich reifer, seitdem er ein vollwertiges Mitglied der Gemeinde war.

Zwischendrin, mitten in seiner Überzeugungsarbeit, hatte es aber eine massive Störung für seine Ambitionen gegeben – den Anschlag auf die Synagoge in Halle. Nicht nur die Familie, auch Freunde, Verwandte und besonders die Mitglieder der jüdischen Gemeinde waren schockiert. Sie rechneten immer damit, dass irgendwann etwas passieren könnte. Doch nun war tatsächlich etwas geschehen. Das machte sie fassungslos. Überall wurde geredet, überall wurde die schreckliche Tat beklagt, doch gleichzeitig bestand die Angst, das Attentat könne wieder in den Hintergrund treten und alle Beschwörungen, für mehr Sicherheit zu sorgen, wären bald vergessen. So war es schon oft gewesen.

»Siehst du«, sagte der Vater am Abend des Anschlags zu Simon, »es gibt immer Menschen, die es auf uns abgesehen haben. Gut, dass die Tür aus dickem Eichenholz war, sonst hätte es dort ein Massaker gegeben.«

»Es gibt keine absolute Sicherheit, Papa«, entgegnete Simon, »sollen wir uns immer verkriechen, nur weil es Menschen wie diesen Attentäter gibt? Ja, die Schule hat uns ein Gefühl von Sicherheit gegeben, auf der anderen Seite bleibt trotzdem das Gefühl von Unsicherheit. Es kann uns überall treffen, in der Schule, in der Synagoge, im Sportverein, beim Einkaufen, und wenn wir mit unserer Kippa durch die Stadt laufen würden, bestünde die Gefahr erst recht.«

»Das stimmt«, nickte sein Vater, »wenn es jemand auf Juden abgesehen hat, dann findet er auch sein Ziel!« Davon war er fest überzeugt.

Simon begriff, dass er mit seiner Überzeugungsarbeit warten musste, bis sich die Situation um den Anschlag in Halle wieder ein wenig beruhigt hatte.

Er ließ einige Monate verstreichen, dann setzte er erneut an.

»Ich möchte einfach erleben, wie das ist, mit Schülern ganz unterschiedlicher Herkunft, ganz verschiedener Interessen und auch Religionen zusammen in einer Klasse zu sitzen, zu lernen, mit ihnen zu reden, mit ihnen die

Pausen zu verbringen, einfach alles mit ihnen zu tun, was ansteht«, lenkte Simon an einem Schabbat-Abend das Gespräch auf den ersehnten Schulwechsel zurück.

Nun äußerte seine Mutter Bedenken. »Glaubst du, dass das jetzt ein guter Moment ist, die Schule zu wechseln? Du bist ein guter Schüler, dir stehen viele Möglichkeiten offen, wenn du an deiner Schule das Abitur machst. Wenn du den Notendurchschnitt hältst, wirst du dir aussuchen können, was du studieren möchtest.« Frau Weiß schüttelte den Kopf. Warum sollte ihr Sohn eine sichere Laufbahn verlassen und sich Gefahren aussetzen, die niemand vorhersehen konnte, in ihrer Vorstellung aber existierten.

Und es gab noch einen weiteren Grund, warum sie ihren Sohn weiterhin in der jüdischen Schule halten wollte. Die war schließlich der Ort, wo auch alle jüdischen Feiertage begangen wurden. Seiner Mutter war das sehr wichtig, sie wollte es aber nicht ansprechen, weil sie Widerspruch befürchtete. Schon einmal hatte sie mit Simon über das Thema gestritten. Er kenne die Feiertage, hatte er ihr entgegengehalten. Er sei ja gerne Jude, wolle aber auch anderes Leben kennenlernen.

»Warum um alles in der Welt sollen meine Leistungen an einer anderen Schule absacken? Was ich kann, kann ich! Ich werde auch weiter lernen, mich anstrengen, ich hab doch ein Ziel vor Augen!« Simon gab nicht auf.

»Welche Schule soll es denn sein? Etwa die, zu der auch deine beiden Freunde gehen? Zu diesem … Gymnasium?«, schaltete sich sein Vater in das Gespräch ein.

»Genau da will ich hin. Max und Matthias gefällt es dort gut.«

»Die haben dort aber auch einen hohen Anteil an Migranten«, gab sein Vater zu bedenken, »viele muslimische Schüler. Du weißt, dass die uns nicht gerade wohlgesonnen sind.«

»Ja, Papa, das weiß ich, doch es gibt ja noch viele andere Schüler an der Schule. Und Max und Matthias sind auch dort. Vielleicht komm ich sogar in ihre Klasse.«

Es wurde spät an dem Abend, sehr spät. Alle Argumente waren ausgetauscht, aber eine Entscheidung noch nicht gefallen. Simons Vater schlug vor, dass sie alle noch eine Nacht drüber schlafen sollten. Am nächsten Tag würde man sich dann entscheiden.

Simons Mutter tat die halbe Nacht kein Auge zu. Sie hatte einfach Angst und befürchtete auch, wenn sie jetzt nachgeben würden, könne ihre Tochter irgendwann auf die gleiche Idee kommen, die Schule zu wechseln.

Auch ihr Mann schlief unruhig, wälzte sich hin und her. Manchmal schreckte er auf, wischte sich den Schweiß von der Stirn und schaute auf den Wecker, doch die Nacht wollte nicht vergehen.

Simon war nach dem langen und anstrengenden Gespräch einfach nur müde gewesen, legte sich hin und war nach wenigen Minuten im Land der Träume. Er träumte tatsächlich – von einer wunderbaren Schule, die ihn liebend gern aufnahm, auf die er sich jeden Tag freute und in der er schnell Freunde fand. Simon erinnerte das am nächsten Morgen noch ganz genau.

Erwartungsvoll setzte er sich an den Frühstückstisch, doch seine Eltern sahen übernächtigt aus. Es war besser, das Thema Schule nicht anzusprechen.

Erst am Nachmittag kam sein Vater auf ihn zu, legte ihm die Hand auf die Schulter, sah ihn lange an und sagte schließlich: »Wir haben noch mal darüber geredet, deine Mutter und ich. Wenn es dir wirklich so wichtig ist, die Schule zu wechseln, dann wollen wir dir nicht im Weg stehen.«

»Ehrlich?«, fragte Simon, weil er schon nicht mehr an ein Ja geglaubt hatte.

»Ganz ehrlich«, bestätigte sein Vater. Dann fielen sich die beiden in die Arme.

Eine Woche später meldeten die Eltern Simon an der neuen Schule an.

Er freute sich. Max und Matthias waren die Ersten, denen er die Neuigkeit erzählte. Und die drei feierten das Ereignis in der Stadt mit einer großen Portion Eis.

Mit der zehnten Klasse würde für ihn ein neues Leben beginnen, da war sich Simon sicher. Doch vorher gab es noch Sommerferien, Urlaub am Meer. Noch ein weiterer Grund zur Freude.

Auschwitz

Familie Weiß hatte für den Urlaub ein Ferienhaus im niederländischen Domburg gemietet. Sie kannten die kleine Stadt, waren schon oft da gewesen und wussten, wo sie einkaufen und in welchen Lokalen man koscher essen konnte. Sie liebten den Markt und vor allem den großen Sandstrand.

Tagsüber machten sie oft lange Wanderungen durch die Dünen und kehrten erst um, wenn sie Hunger bekamen. An anderen Tagen lagen sie einfach am Strand, jeder mit einem Buch, und genossen den Wind und die Sonne. Das Rauschen des Meeres beruhigte sie.

Charly, Simons Schwester, fand schnell Anschluss, baute mit anderen Kindern Sandburgen oder tobte mit ihnen im Wasser. Manchmal schwammen sie auch ein Stück raus, bis die Leute am Strand nur noch ganz klein wirkten. Charly war eine sehr gute Schwimmerin.

Bei den Eltern meldete sie sich nur, wenn sie Durst hatte oder um Geld bat, weil sie zum Kiosk wollte, um sich mit ihren Spielkameradinnen ein Eis zu kaufen.

Eines Nachmittags meinte Frau Weiß zu ihrem Mann, dass der Urlaub doch eine gute Gelegenheit sei, ihrem Sohn die Geschichte seiner Großeltern weiterzuerzählen.

Aaron Weiß nickte und sie begannen einen passenden Ort zu suchen.

Zwei Tage später fanden sie einen stillen Platz zwischen den Dünen. Charly war mit ihren Urlaubsfreundinnen unterwegs und gut versorgt.

Simon ahnte nicht, warum die Eltern ausgerechnet diesen abgelegenen Ort ausgesucht hatten, verstand es aber sofort, als sie sagten, sie wollten ihm weiter vom Schicksal seiner Großeltern erzählen.

»Deine Oma und dein Opa haben viele Jahre nicht über ihre Vergangenheit geredet. Weder miteinander noch mit mir oder sonst jemandem, der ihnen nahestand. Opa hat mal gesagt: Wenn Oma traurig oder in sich gekehrt war, dann wusste er, dass sie an die schlimme Zeit dachte. Umgekehrt war es ähnlich. Deshalb wollten sie weder sich noch andere mit dem belasten, was sie durchmachen mussten. Die Menschen, die sie am meisten liebten, sollten von den Erniedrigungen und dem Leid nichts erfahren. Und sie selbst wollten vergessen, einfach normal leben und die Vergangenheit hinter sich lassen. Doch wirklich abschütteln konnten sie die Erfahrungen nie.«

»Aber worüber haben sie denn nicht geredet?«, wollte Simon nun endlich wissen.

»Ich habe dir doch von Opa und seiner Familie erzählt und wie sie in Holland in ihrem Versteck aufflogen und in das Durchgangslager Westerbork gebracht wurden. Tausende Menschen wurden dort auf engstem Raum zusammengepfercht. Sie schliefen in zugigen Baracken, sie bekamen nur wenig zu essen, mehrmals am Tag mussten sie zum Appell antreten, wurden durchgezählt und mussten stundenlang stehen, egal ob die Sonne vom Himmel brannte oder es regnete.«

Vier Wochen verbrachte die Familie Weiß in dem Lager, ehe sie und Hunderte weiterer Häftlinge aufgefordert wurden, sich mit ihrem Gepäck, das sie ins Lager mitnehmen durften, zu dem bereitstehenden Zug zu begeben und einzusteigen. Keiner von ihnen wusste, wohin die Fahrt gehen würde. Es gab weder Verpflegung noch Wasser für unterwegs. Deshalb hofften sie, dass die Reise nicht allzu lange dauern würde. Auch die Waggons schienen ihnen für eine lange Fahrt nicht geeignet, denn es gab weder Sitzplätze noch Toiletten.

Dass die Fahrt drei Tage ging, damit hatte wirklich niemand gerechnet. Einige ältere Menschen starben in dem Waggon, in dem auch deine Großeltern waren. Georg hatte noch nie Tote gesehen, jetzt waren es gleich mehrere in diesem engen Raum.

»Die Toten sind tot, sagte er sich, die haben keine Bedürfnisse mehr, weder Hunger noch Durst, noch müssen sie zur Toilette. Aber er hatte welche. Mehr als Durst und Hunger war es seine Blase, die sich schmerzhaft meldete. Er wollte dem Drang widerstehen und so lange durchhalten, bis sie am Ziel waren. Doch wann würde das sein? Als er sah, dass einige Männer um ihn herum nasse Hosen hatten, konnte auch er sich nicht mehr beherrschen. Genau wie sein Vater, der sich aber schrecklich schämte deswegen.

Nach drei Tagen hielt der Zug endlich an. Die Waggons wurden geöffnet, frische Luft strömte herein, die den Geruch nach Schweiß, Urin und Kot etwas abmilderte.

Alle mussten aussteigen. Sowohl Georg als auch den anderen fiel es schwer, sich nach der langen Fahrt wieder zu bewegen. Ihre Beine waren steif und schmerzten. Doch sie mussten raus, daran ließen die bewaffneten SS-Männer* keinen Zweifel. Einige von ihnen führten Schäferhunde mit, die die Ankommenden laut anbellten.

›Das Gepäck könnt ihr in den Waggons stehen lassen. Wir werden es mit unseren Lkws nachbringen!‹, brüllte einer der SS-Männer in ein Megafon. ›Alte, Kranke, Mütter mit Kindern, ihr werdet von unserem Fahrdienst in eure Unterkunft gebracht. Alle anderen stellen sich in Fünferreihen auf. Wir werden die letzte Strecke gemeinsam zu Fuß gehen!‹

Georg und sein Vater waren froh, sich ein bisschen bewegen zu können. Aber Clara fühlte sich zu schwach für einen Fußmarsch, und auch Gretel, Georgs Schwester, jammerte, ihre Beine täten weh. Deshalb stiegen sie auf einen der bereitstehenden Lastwagen.

›Wir sehen uns später‹, rief Ferdinand seiner Frau und Gretel hinterher. Für einen Abschied oder irgendwelche Absprachen blieb keine Zeit, denn die Fünferreihen setzten sich in Bewegung. Und auch die Lkws fuhren los.

Die Menschen, die sich in den Fünferreihen auf den Weg gemacht hatten, waren erleichtert, an einem Ziel angekommen zu sein. Die SS-Männer, die zu ihrer Bewachung neben ihnen herliefen, machten allesamt einen freundlichen Eindruck. Niemand drohte ihnen, niemand brüllte sie an, selbst die Schäferhunde schienen harmlos. Dass die Alten und Kranken gefahren wurden, rechnete man ihnen hoch an. Selbst den Gepäcktransport hatten sie organisiert. Schon bald wurden der Turm und das Tor zum Lager sichtbar. Alles schien perfekt, bis ...« Simons Mutter zögerte einen Moment, ehe sie weitersprach. »... bis sie das Tor passierten«, fuhr sie schließlich fort, »hinter dem sich das Lager befand. Sie waren in Auschwitz-Birkenau angekommen.«

Von Auschwitz hatte Simon schon gehört, deshalb hakte er nicht weiter nach.

»Los! Los! Schneller! Schneller, ihr Drecksjuden!«, brüllten plötzlich mit Schlagstöcken ausgerüstete Kapos* und schlugen auf sie ein. Kapos waren Häftlinge, die im Dienst der Nazis andere Häftlinge beaufsichtigten und schikanierten, um so Vorteile zu bekommen. »Schneller! Schneller, ihr Saubande!«, riefen sie. »Immer geradeaus!«

Ferdinand, dein Urgroßvater, achtete darauf, dass sein Sohn immer neben ihm war. Mit einem Mal hatte er ein ganz mulmiges Gefühl. Langsam bewegte sich die Kolonne nach vorne. Männer und Frauen, die bislang noch zusammen in der Reihe gingen, wurden getrennt.

Es waren nicht nur Hunger, Durst und die Erschöpfung, die Ferdinand und Georg zu schaffen machten. Über dem ganzen Lager lag ein Gestank, den sie bislang nicht kannten. War der Qualm, der aus den Schornsteinen einige Hundert Meter vor ihnen aufstieg, die Ursache? Was wurde dort verbrannt, das einen solch beißenden Geruch verbreitete?

Es blieb ihnen keine Zeit, weiter darüber nachzudenken. Die Kolonne hatte sich auf einen SS-Mann zubewegt, der mit einem Fingerzeig andeutete, wer in die eine und wer in die andere Richtung gehen musste. Was sie am Ende erwartete, wusste niemand.

Alles ging nun ganz schnell. Ferdinand und Georg wurden von dem SS-Mann, der weiße Handschuhe trug, getrennt. Er war Josef Mengele*, wie Georg später erfuhr, den Namen hast du vielleicht schon mal gehört. Er war Arzt, aber wahrlich keiner, der Leben rettete. Georg sah noch, wie sein Vater in einer Gruppe älterer Männer davonging.«

»Was ist mit ihm geschehen? Wo kam er hin?« Simon hatte ganz rote Ohren vom Zuhören.

»Auschwitz war ein Vernichtungslager«, erklärte ihm sein Vater. »Alle Menschen, die entweder zu jung, zu alt oder zu krank waren, um zu arbeiten, wurden noch am gleichen Tag ermordet. Sie wurden zunächst in den Vorraum zur Gaskammer geführt. Dort wurden sie aufgefordert, sich auszuziehen und die Kleidung an die nummerierten Haken zu hängen, damit sie sie nach dem Duschen gleich wiederfinden würden. Nun hätten sie die Möglichkeit, nach der langen und anstrengenden Fahrt ausgiebig zu duschen, hieß es. Hinterher würden sie in ihre Unterkunft gebracht. Mit diesen beruhigenden Worten sind die Menschen ahnungslos in die Gaskammern gegangen. Etwa zwanzig Minuten später waren sie alle tot. Häftlinge aus einem Sonderkommando* mussten die Leichen herausholen, ihnen die Haare abschneiden und nachschauen, ob sie Goldzähne hatten, die sie ihnen dann mit einer Zange herausbrachen. Anschließend kamen die Toten ins Krematorium.«

Simon konnte sich das nicht vorstellen. Sein Uropa, sicher nicht mehr ganz jung, aber ein Mann in den besten Jahren, ein intelligenter Mensch, wurde einfach so, mit vielen anderen, umgebracht, nur weil er Jude war?

Er dachte an das Foto, dass zu Hause über dem Esstisch hing. Sein Urgroßvater hatte so strahlende Augen. Was hatten diese Augen als Letztes gesehen?

»Und was war mit Clara und Gretel?« Simon schaute seinen Vater fragend an.

»Die beiden mussten den gleichen Weg gehen wie Ferdinand.«

Simon war fassungslos. »Warum denn auch Gretel? Die war doch noch ein Kind!«

»Ja, sie war noch ein Kind und in den Augen der SS nicht zum Arbeiten geeignet. Sie war noch zu jung.«

Jetzt hielt Simon nichts mehr in der Düne. Er stand auf, rannte zum Meer, sprang ins Wasser, schwamm, schwamm so lange, bis ihm die Luft wegblieb.

Eine halbe Stunde später war er wieder zurück. Das Schwimmen hatte ihm gutgetan. Ausgetobt und abgekühlt ließ er sich auf sein Handtuch fallen.

»Opa Georg hat das Lager ja überlebt, sonst wären wir alle nicht hier«, sagte er schließlich. »Wie hat er das geschafft? Es muss doch schrecklich für ihn gewesen sein, so ganz allein, ohne den Rückhalt der andern, diese Willkür zu erfahren.« Simon wollte jetzt alles wissen.

Seine Mutter stimmte ihm zu. »Georg war verzweifelt. Er kam in die Männerbaracke und wurde schon bald einem Arbeitskommando* zugeteilt. Außerhalb des Lagers gab es viele Betriebe, in denen die Häftlinge arbeiten mussten. Dein Großvater kam in die Landwirtschaft. Man könnte meinen, dass er damit Glück hatte, weil dort Obst, Gemüse und Kartoffeln angebaut wurden und die Häftlinge vielleicht davon profitierten. Doch weit gefehlt: Wenn jemand erwischt wurde, wie er auch nur einen Apfel nahm, wurde er bestraft. Das reichte von Schlägen auf dem Prügelbock bis zur Tötung. Die Entscheidung hing oft von der Laune des Kapos ab.«

Morgens nach dem Appell musste sich das Arbeitskommando formieren, dann wurde losmarschiert. Nach einer Stunde kamen sie an. Und dann hieß es zwölf Stunden harte, schwere Arbeit, immer unter der Aufsicht eines Kapos, der den ganzen Tag brüllte und prügelte. Manchmal brachen Häftlinge mitten bei der Arbeit zusammen, andere hatte der Kapo so heftig geschlagen, dass sie nicht mehr arbeiten konnten. Jeder wusste, was das bedeutete – Gaskammer. Mittags gab es eine kurze Pause, und die Häftlinge bekamen eine dünne Suppe, in der manchmal ein paar Kräuter oder Kartoffelschalen schwammen. Danach mussten sie weiterarbeiten, während der Kapo noch aß.

Nach zwölf Stunden mussten sich alle erneut aufstellen. Auch die, die zum Laufen zu schwach waren, sowie die Toten mussten wieder mit zurück ins Lager. Sie wurden von den Häftlingen getragen. Oft standen SS-Männer neben dem Eingangstor und lachten, wenn sie die ausgemergelten Häftlinge sahen. Dann kam der Abendappell. Alle wurden wie am Morgen durchgezählt, auch die Toten. Die Zahl musste mit der vom Morgenappell übereinstimmen. Es konnte Stunden dauern und war die reine Schikane. Danach durften sie endlich in ihre Baracken und bekamen etwas Brot, manchmal mit einem Klacks Margarine oder Marmelade, ab und zu gab es auch ein Stück Hartkäse oder Wurst. Das Essen reichte nie aus, um satt zu werden.

Georg vermisste seine Familie. An manchen Abenden lag er auf seiner Pritsche, die er sich mit drei anderen Häftlingen teilen musste, und weinte tränenlos. Wie konnte er in Erfahrung bringen, wo sie waren?

Einmal nahm er seinen ganzen Mut zusammen und fragte den Blockältesten*. Der schaute ihn groß an. »Du bist wohl noch neu hier. Hast noch nicht mitbekommen, was mit denen geschieht, die nicht arbeiten können.«

»Was heißt das?« Georg hatte immer noch keine Vorstellung.

»Die haben sich in Rauch aufgelöst und sind jetzt aus dem Lager raus. Schau mal da vorne. Siehst du den Qualm? Da könnte deine Familie mit dabei sein.«

Georg glaubte ihm nicht. Wieso sollte man seine Familie ermordet haben? Er fand keine Antwort.

Bis Mitte Januar 1945 schuftete er in dem Arbeitskommando. In den letzten Wochen hatten die Häftlinge mitbekommen, dass die russische Armee näher rückte. Die SS traf Vorkehrungen für den Fall, dass sie das Lager verlassen mussten. Gaskammern wurden in die Luft gesprengt, um die Verbrechen, die hier geschahen, zu vertuschen.

Nach dem Morgenappell des 15. Januar 1945 wurden alle Häftlinge, die noch bei Kräften waren, auf den Todesmarsch* geschickt. Georg erinnerte sich, dass es ein kalter Tag gewesen war, es hatte geschneit, und sie hatten nur ihre dünne Häftlingskleidung an, die sie kaum schützte. Begleitet von SS-Männern, verließen sie das Lager, stapften durch hohen Schnee. Wer zu langsam ging, wurde einfach erschossen. Viele erfroren, weil sie nur noch Haut und Knochen waren. Der Weg war von Toten gesäumt. Nach zwei Tagen kamen sie an einem Bahnhof an. Georg erinnerte sich nicht mehr an den Namen der Stadt, als er uns alles erzählte, nur daran, dass dort ein Zug auf sie wartete. Noch einmal zwei Tage waren sie unterwegs, bis sie in Mauthausen ankamen. Dort mussten sie einige Wochen in Quarantäne, weil man befürchtete, sie könnten eine ansteckende Krankheit einschleppen, danach wurden sie wieder in Arbeitskommandos aufgeteilt, ähnlich wie in Auschwitz. Knapp vier Monate mussten sie dort arbeiten, alles im Laufschritt erledigen. Und das Essen war noch viel schlechter als das in Auschwitz. Anfang Mai wurde das Lager von den Amerikanern befreit. Georg landete in einem Krankenhaus, in dem er sich erholen konnte und allmählich wieder zu Kräften kam. Keine vierzig Kilo wog er, als er ins Krankenhaus eingeliefert wurde. Aber er lebte. Im Sommer 1945 wurde er entlassen und konnte zurück nach Deutschland.«

»Wollte er denn zurück nach Deutschland, nach all

dem, was geschehen war? Er musste doch damit rechnen, dort wieder auf Nazis zu treffen.« Für Simon war die Vorstellung gruselig.

»An Nazis hat er gar nicht gedacht. Er hat einfach nur gehofft, noch irgendjemanden aus der Familie zu finden.«

»Und? Hat er?«

Seine Mutter schüttelte den Kopf. »Alle waren tot. Eine jüdische Familie, die über lange Zeit in einem Versteck gelebt hatte, nahm ihn auf. Bei ihnen konnte er wohnen.«

Charly kam plötzlich angerannt.

»Warum guckt ihr so komisch? Ist was passiert?«

»Nein«, versicherte ihre Mutter, »alles in Ordnung.«

»Dann ist ja gut. Bekomme ich Geld für ein Eis?«

Klar. Die Mutter drückte ihr gedankenlos fünf Euro in die Hand. Mit so viel Geld hatte Charly gar nicht gerechnet. Auf dem Weg zum Kiosk überlegte sie, was sie sich dafür alles kaufen konnte.

»Ich vermute mal, Oma hatte eine ganz ähnliche Geschichte wie Opa«, sagte Simon. Er schaute starr vor sich hin und merkte nicht, dass seine Eltern noch in Gedanken bei seinem Opa waren.

Sein Vater war es, der ihm nach einer kurzen Pause antworte. »Ja«, sagte er betrübt, »sie unterscheidet sich fast in nichts von der Geschichte deines Opas. Der einzige Unterschied war, dass sie nicht von Westerbork aus nach Auschwitz gebracht wurden, sondern zuerst nach Theresienstadt* kamen. Über dieses Lager wird viel erzählt. Es war das Vorzeigelager der Nazis, für deine Oma und ihre Familie war es aber einfach nur ein Durchgangslager nach

Auschwitz. Auch ihre Familie wurde dort ermordet. Und bevor Auschwitz befreit wurde, kam sie in das Frauenlager Ravensbrück*, das im April 1945 von der Roten Armee* befreit wurde.«

»Das ist so unvorstellbar, was damals passiert ist. Ich begreife nicht, wie Menschen zu solchen Taten fähig sein konnten?« Simon schüttelte sich am ganzen Körper.

»Das heute noch zu bereden, würde zu weit führen. Das können wir gern ein andermal tun. Ich bin froh, dass wir heute dieses schwere Kapitel besprochen haben. War für dich sicher ein harter Brocken, mit dem du jetzt erst mal klarkommen musst.« Frau Weiß nahm ihren Sohn in den Arm und drückte ihn fest an sich. Tränen liefen ihr über die Wangen. Simon war noch zu entsetzt, um weinen zu können. Die Tränen würden sicher erst später kommen.

»Ich bin froh, dass ihre Fotos über dem Esstisch hängen«, sagte er nachdenklich. »Oma und Opa gehören einfach zur Familie dazu, auch wenn ich sie nicht gekannt hab. Für mich gehören sie jetzt sogar noch viel mehr dazu.«

Er konnte nicht länger in den Dünen sitzen und bat seine Eltern um etwas Geld, rannte los, suchte seine Schwester, fand sie, wie sie an einer Sandburg baute, klopfte ihr auf die Schulter und lächelte sie an.

»Wollen wir was Süßes oder was Saures kaufen und danach was ganz Verrücktes machen?«

Charly nickte. Simon hatte sich nie mehr über seine Schwester gefreut als in diesem Augenblick.

Achmed

Simon war aufgeregt. Sein erster Tag in der neuen Schule. Was würde auf ihn zukommen? Er hatte keine Ahnung, obwohl Max und Matthias ihm schon einiges erzählt hatten.

Das Erste, was anders war: Er musste zu Fuß zur Schule. Kein Bus holte ihn zu Hause ab. Doch das sollte kein Problem sein, Max hatte versprochen, den Weg mit ihm gemeinsam zu gehen. Sein Vater hatte angeboten, ihn hinzubringen, auch seine Mutter wollte ihn begleiten, doch das lehnte er dankend ab.

»Hey, ich kenn den Weg, und außerdem … überlegt mal, wie alt ich bin! Was macht das für einen Eindruck, wenn Mama und Papa den Sohn zur Schule begleiten!«, sagte er lässig.

Max wartete tatsächlich vor der Haustür. Das war beruhigend, denn ein bisschen mulmig war Simon schon.

Er meldete sich im Sekretariat und erfuhr dort, dass er in die 10c komme und Herr Stemmler sein Klassenlehrer sei.

»Was, den Stemmler hast du?«, entfuhr es Matthias, als sie sich kurz vor Unterrichtsbeginn noch mal auf dem Schulhof trafen. »Mist! Zu uns hättest du viel besser gepasst! Ich wusste gar nicht, dass die 10c einen neuen Leiter bekommt. Der Stemmler also.« Matthias machte eine abwertende Handbewegung.

»Was ist denn mit dem Stemmler?« Simon war irritiert, denn auch das war neu für ihn, dass ein Lehrer mit einer solchen Handbewegung bewertet wurde. An seiner bisherigen Schule waren auch nicht alle Lehrer gleich, aber bei keinem hätte er mit dem Daumen nach unten gezeigt.

»Soll ziemlich streng sein«, meinte Max. »Ist vielleicht aber auch nötig in der Klasse.«

Jetzt war Simon noch unsicherer. »Was ist mit der Klasse?«, fragte er, doch genau da ertönte das Klingelzeichen, und alle strömten eilig ins Schulgebäude.

Simon stand etwas unsicher im Klassenraum, weil er noch keinen Platz hatte. Seine Mitschüler taxierten ihn, stellten ihm Fragen.

»Hey, ich bin Tim. Spielst du Fußball?«, sprach ihn ein Junge an.

»Ja«, gab Simon zurück, mehr nicht, denn er wollte nicht auf Fußball reduziert werden. Es sollte für ihn ein echter Neustart werden, und er wollte zeigen, dass er noch mehr zu bieten hatte. Simon ließ seinen Blick durch die Klasse schweifen. Bei keinem der Gesichter blieb er hängen, keines kam ihm bekannt vor.

»Ich mach aber auch andern Sport«, antwortete er schließlich und nannte ebenfalls seinen Vornamen.

»Ach, du bist das. Max hat schon von dir erzählt. Er meinte bloß, du würdest zu ihm in die Klasse kommen.«

»Ist leider nichts draus geworden«, gab Simon zurück. »Was soll's, jetzt bin ich hier.«

In dem Augenblick, als Herr Stemmler den Klassenraum betrat, wurde es schlagartig ruhig, und alle rannten zu ihren Plätzen. Nur Simon stand noch etwas hilflos vorne beim Lehrerpult.

»Guten Morgen!« Die Stimme von Herrn Stemmler war durchdringend.

»Und du? Du bist sicher der Neue.« Jetzt redete er etwas leiser. »Du kannst dich in die zweite Reihe neben Mike setzen. Ich hoffe, ihr versteht euch, sonst müssen wir eine andere Lösung finden.«

Mike war in Ordnung, das merkte Simon schnell. Mit den andern würde er sich sicher auch verstehen, es war niemand dabei, der ihm negativ auffiel. Es gab auch niemanden, der ihn fragte, auf welcher Schule er vorher gewesen war. Das beruhigte ihn, aber gleichzeitig merkte er, wie er automatisch alles, was mit seinem Judentum zu tun hatte, innerlich wegsperrte. Warum sollte er nicht sagen, dass er bisher auf einer jüdischen Schule gewesen war? Doch egal, solange er nicht gefragt wurde, musste er auch nichts preisgeben oder sich eine Ausrede einfallen lassen.

Die ersten Tage und Wochen vergingen, Simon lebte sich ein und war froh, sich für den Schulwechsel entschieden zu haben. Die Zeit bis zu den Herbstferien verging wie im Flug.

Doch Anfang November wurde mit einem Schlag alles anders.

»Wir werden am 9. November einen Politiker an der Schule haben, der uns etwas über die Pogromnacht erzählt«, verkündete Herr Stemmler eines Morgens nach den Herbstferien. »Und damit ihr nicht so ganz ahnungslos seid, werden wir den Besuch vorbereiten.«

Lang gezogene »Oooochs«, »Muss das sein?« und »Was soll das denn?« drangen aus verschiedenen Ecken der Klasse.

»Begeisterung sieht anders aus«, kommentierte Herr Stemmler das Verhalten. »Ja, es muss sein, jedes Jahr gibt es für die 10. Jahrgangsstufe diese Veranstaltung.«

»Und wieso am 9. November?«, wollte Achmed wissen.

»Am 9. November 1938 war die Reichspogromnacht, da wurden …«

»… hat das was mit Juden zu tun?«, unterbrach ihn Achmed.

»Genau, in der Nacht vom 9. auf den 10. November wurden in ganz Deutschland die Synagogen zerstört und …«

Achmed fiel ihm wieder ins Wort. »Nee, also darauf hab ich echt keinen Bock. Immer sind es die Juden, die sich als Opfer darstellen.«

»Stimmt«, pflichtete Murat ihm bei. »Das sind doch alles Kindermörder! Und jetzt wollen sie Mitleid, weil vor hundert Jahren angeblich ein paar von ihnen ermordet wurden.«

»Achmed, Murat, das ist nicht richtig, was ihr sagt. Es waren nicht ein paar, die ermordet wurden, sondern mehr als 6 Millionen, die man auf grausame Weise umgebracht hat«, wandte Herr Stemmler ein.

»Ein paar Millionen, wie soll das denn funktioniert haben?«, meldete sich Sven zu Wort, »Deutschland hätte überhaupt keine Zeit dafür gehabt, schließlich mussten die Soldaten der Wehrmacht an vielen Fronten kämpfen! Ich halte das alles für Gerüchte, die niemand beweisen kann.«

»Es gab Konzentrationslager.« Herr Stemmler wurde jetzt sehr energisch. »Dort wurden die Juden massenweise in Gaskammern umgebracht! Es war komplett durchorganisiert und hatte System.«

»Das mit den Gaskammern und den Konzentrationslagern ist doch bloß eine Erfindung der Amerikaner, die wollten ein paar gruselige Filme drehen«, widersprach Sven, »hab ich im Internet gelesen.«

»Auch im Internet werden Unwahrheiten verbreitet. Aber ich merke, es gibt einen großen Nachholbedarf, zumindest bei einigen hier in der Klasse, was die Informationen zum Holocaust* betrifft.«

»Das gab's doch alles gar nicht, der Sven hat recht! Und was soll der Scheiß mit den Konzentrationslagern, das waren höchstens Gefangenenlager für irgendwelche Verbrecher!« Achmed erwartete breiten Zuspruch, doch der blieb aus. Nur einige nickten, die anderen sahen ihn entgeistert an. So kannten sie Achmed bisher nicht.

»Was ist? Wollt ihr euch wirklich alle verarschen lassen?« Immer noch wartete er auf Zustimmung, indem er seinen Blick durch die Klasse schweifen ließ.

»Müssen wir das noch mal machen? Wir haben doch in Reli schon bis zum Erbrechen darüber geredet«, meldete sich jetzt Eva zu Wort.

»Du meinst ... bis zur Vergasung«, ergänzte Svenja und erntete für ihre Bemerkung ein paar Lacher.

Simon hatte sich alles angehört und war entsetzt. Achmed? Wie kommt er auf solch krude Ideen? Hat er tatsächlich noch nie was vom Holocaust gehört? Und wieso hatte er einen solchen Hass auf Juden? Was war mit Svenja? Bisher hatte er sie als ziemlich intelligente Schülerin gesehen. Und nun das? Wie konnte sie den Begriff »Vergasung« so ins Lächerliche ziehen? Er verstand das nicht. Und auch nicht Herrn Stemmler, der die Bemerkungen einfach so unwidersprochen im Raum stehen ließ.

Simon konnte sich nicht mehr zurückhalten. Er musste sich einmischen.

»Meine Großeltern *waren* in Auschwitz!«

Plötzlich richteten sich alle Blicke auf ihn. Manche fragend, manche überrascht, andere zweifelnd.

»Hey, bist du Jude?« Murats Stimme übertönte alle anderen Geräusche in der Klasse.

»Ist das ein Problem?« Simon gab sich selbstbewusst.

»Ich fass es nicht! Hab ich mir doch gleich gedacht, dass mit dir was nicht stimmt!« Achmed sprang auf und stürmte auf Simon los.

»Setz dich sofort wieder hin!«, rief Herr Stemmler in die Klasse. Es wurde laut, Achmed griff Simon an, zerrte ihn von seinem Stuhl und wollte ihm einen Boxhieb versetzen, doch Herr Stemmler schob sich dazwischen. Achmed versuchte, an ihm vorbeizukommen, aber der Lehrer stand da wie eine Wand.

»Geh jetzt sofort zu deinem Platz!«, befahl er.

»Ein Jude in unserer Klasse«, murmelte Achmed vor

sich hin. »Ich krieg keine Luft mehr, reißt die Fenster auf!«, brüllte er schließlich.

»Was haben deine Großeltern denn gemacht, dass sie nach Auschwitz kamen?«, fragte Julia, die zwei Reihen hinter Simon saß.

»Nichts«, antwortete Simon ganz ruhig. »Sie waren noch Kinder, Kinder in unserem Alter.«

»Das ist wieder so eine Lüge!« Sven wurde jetzt sehr laut. »Mit solchen Behauptungen wollt ihr doch nur Mitleid erregen!«

»Kinder in Auschwitz?« Die Frage kam von einigen Schülerinnen und Schülern. Herr Stemmler konnte nicht feststellen, ob in ihr eher Entsetzen oder Zweifel zum Ausdruck kam.

»Ja, es gab Kinder in Auschwitz und auch in den anderen Lagern, selbst Säuglinge waren dort ...« Herr Stemmler versuchte gerade, etwas Sachlichkeit in die Auseinandersetzung zu bringen, als er von Murat unterbrochen wurde.

»Das mit den Kindern und Säuglingen kann doch gar nicht sein! Die konnten ja noch nicht mal arbeiten! Was sollten die also in so einem Lager, in dem die Menschen zur Strafe arbeiten mussten!«

»Das waren keine Straflager.« Simon versuchte, ruhig zu bleiben, obwohl er innerlich kochte. »Das waren Konzentrationslager, die nur die eine Aufgabe hatten, die Menschen umzubringen. Die, die noch arbeiten konnten, mussten das so lange tun, bis sie nicht mehr konnten und dann eben starben, alle andern wurden sofort ermordet.

Ja, Säuglinge und kleine Kinder konnten nicht arbeiten, deswegen wurden sie auch sofort nach ihrer Ankunft zusammen mit ihren Müttern in die Gaskammern geschickt!«

Einige schüttelten ungläubig, andere angewidert den Kopf. Was sollten sie glauben? Es gab fast niemanden in der Klasse, der sich eindeutig auf Simons Seite stellte. Nur Marie nickte nachdenklich zu dem, was er sagte, doch das bekam er nicht mit. Es war so unfassbar, was Simon gesagt hatte. Einige bildeten eine klare Front gegen ihn, andere hielten sich zurück, als würde sie das Thema nichts angehen. Was haben wir mit Auschwitz zu tun? *Unsere* Vorfahren waren schließlich nicht dort.

Mit dem Klingelzeichen, das das Ende der Stunde signalisierte, kam es zur Eskalation.

Sven stürmte auf Simon los. »Halt lieber deine Fresse und verbreite nicht weiter so einen Schwachsinn! Wenn deine Großeltern schon als Kinder in Auschwitz gewesen wären, dann hätte man sie, wie du es eben gesagt hast, ja auch umgebracht! Schade, dass es nicht so war! Dann wären wir nämlich von dir verschont geblieben!«

»Sie waren fünfzehn und mussten arbeiten«, versuchte es Simon noch einmal mit Sachlichkeit.

Doch das war Sven zu viel. Mit einem kräftigen Fausthieb schlug er ihm voll in den Magen. »Das ist der Lohn für deine Lügen!«

»Sag mal, spinnst du!«, hechelte Simon. »Ist das die einzige Sprache, die du kennst, wenn dir die Argumente fehlen?«

Sven wurde rot vor Wut. Er holte erneut aus, wollte zuschlagen, doch Simon hatte die Faust kommen sehen, konnte im letzten Augenblick ausweichen und stieß dabei gegen Achmed, der dem Streit mit Freude zugeschaut hatte. Achmed geriet ins Taumeln, fiel nach hinten auf einen Tisch und brüllte.

»Schluss jetzt!«, rief Herr Stemmler von seinem Pult aus. »Ich dulde keine Schlägerei in der Klasse! Ihr kommt jetzt alle drei mit zum Direktor!«

Direktor Schneiderjahn thronte in seinem Büro hinter einem schweren Eichenschreibtisch.

»Was gibt es?«, fragte er, als Herr Stemmler eintrat.

»Die Herren hier«, damit zeigte er auf die drei Schüler, die hinter ihm standen, »benötigen dringend eine Ermahnung. Wegen Meinungsverschiedenheiten meinten sie, sich prügeln zu müssen.«

»Vortreten!«, forderte der Direktor die Schüler auf. »Hier an unserer Schule darf man durchaus seine Meinung sagen, aber sich deswegen prügeln ist etwas, was wir überhaupt nicht dulden! Haben wir uns verstanden?«

Sven und Achmed nickten.

Simon war mit dem, was er bisher gehört hatte, nicht einverstanden. »Es ging aber um ganz fundamentale Fragen, die …«

Er wurde vom Direktor unterbrochen. »Auch fundamentale Fragen, wie du sagst, kann man anders lösen. Ich möchte, dass ihr euch vertragt! Habe ich mich deutlich genug ausgedrückt?«

Wieder nickten Sven und Achmed. Es war das Nicken

zweier Sieger, denn mit dem letzten Satz des Direktors durften sie sein Büro verlassen.

Simon war sprachlos, als er wieder auf dem Flur stand. Was sollte das denn?, ging es ihm durch den Kopf. Ohne auf den Konflikt einzugehen, verlangte Herr Schneiderjahn einfach, sie sollten sich wieder verstehen? Ohne den Hintergrund zu kennen? Ohne zu fragen, was überhaupt zu dem Streit geführt hatte? Was Sven und Achmed an judenfeindlichen Dingen gesagt hatten?

Simon schlenderte hinaus auf den Schulhof. Noch war die große Pause nicht zu Ende. Er wollte nach Max und Matthias schauen, ob er sie irgendwo finden konnte. Doch sie waren nirgends zu sehen. Dafür kam Sven auf ihn zu.

»Na, du Jude!«, sagte er grinsend und ging an ihm vorbei.

Für Simon war das ein weiterer Schlag in den Magen.

Zu Hause erzählte er nichts von den Vorfällen. Er wollte seine Eltern nicht beunruhigen und ihnen auch keine nachträgliche Bestätigung geben, dass der Schulwechsel ein Fehler gewesen war. Simon hoffte nur, alles würde sich wieder beruhigen.

Angriffe

Die Veranstaltung mit dem Abgeordneten des Landtags am 9. November verlief ohne Probleme, aber auch ohne größere Diskussion. Achmed und Murat fehlten an diesem Tag. Sven hingegen war da, grinste ununterbrochen vor sich hin, sagte aber kein Wort. Ob er sich nicht traute, vor einer größeren Öffentlichkeit seine Position zu vertreten? Simon hätte brennend interessiert, ob es in der Jahrgangsstufe weitere Schüler gab, die wie Sven dachten. Er kannte noch längst nicht alle, konnte sie nicht einschätzen. Mindestens zwanzig weitere Schüler hatten einen muslimischen Hintergrund. Doch er wollte sie nicht alle über einen Kamm scheren und vorverurteilen. Und was war mit denen, die man der Neonazi-Szene zurechnen konnte? Waren das die Leute, die sich in der Nähe von Sven aufhielten?

Simon hörte auf, sich darüber Gedanken zu machen. Lieber hörte er dem Vortrag des Abgeordneten zu. Er fand es wohltuend, gerade nach der Auseinandersetzung mit seinen Mitschülern, aber auch nach der seltsamen Haltung von Herrn Schneiderjahn, die Einschätzung des Abgeordneten zur Pogromnacht zu erfahren. Kopfnickend stimmte er den Ausführungen zu, dass die Anschläge in der Pogromnacht sowie die Verhaftungen und

Ermordungen jüdischer Bürger geplante Aktionen waren. Die deutsche Öffentlichkeit sei über Jahre sowohl von der Regierung als auch der Partei mit all ihren Unterorganisationen manipuliert worden, bis sie in den jüdischen Mitmenschen bloß noch den Feind sah, den es auszurotten galt.

Auch der abschließenden Warnung des Abgeordneten, dass in Deutschland nicht nur fremdenfeindliche, sondern auch wieder starke antisemitische Tendenzen erkennbar seien, konnte Simon nur zustimmen. In seinem Vortrag zeigte der Mann auf, dass die Entwicklungen bis weit in die Mitte der Gesellschaft hinein verbreitet seien. Die heutigen Neonazis* seien nicht mehr nur die, die kahlköpfig und mit dumpfen Parolen durch die Straßen zögen. Der wesentlich gefährlichere Teil sitze mit Anzug und Krawatte in Behörden und leider auch wieder in Parlamenten. Ebenso wenig dürfe man übersehen, dass es Neonazis in Uniform gebe. Als Beleg führte er das Beispiel eines Bundeswehr-Leutnants an, von dessen Einstellung seine Vorgesetzten gewusst haben mussten, trotzdem hätten sie geschwiegen.

»Schweigen«, sagte er wörtlich, »kann zu Duldung von Unrecht führen und Duldung schließlich zu Handlungen.« Deshalb sei es wichtig, gegen jegliche Form von Diskriminierung, Gewalt, Ausgrenzung und Unterdrückung Einspruch zu erheben.

»Und wie können wir das in unserem Schulalltag umsetzen?« Max war der Erste, der sich traute, eine Frage zu stellen.

»Es gibt zwei Orte, an denen alle Menschen gleich sind. Verlassen wir uns nicht auf den zweiten, den Friedhof, denn dann ist es zu spät. Aber hier, an diesem Ort, habt ihr die Möglichkeit, etwas zu lernen, was von fundamentaler Bedeutung ist. Zivilcourage. Leider ist sie entweder in Verruf geraten oder es wird ihr keine Bedeutung beigemessen. Euer Zusammenleben in der Schule verläuft ja nicht immer konfliktfrei. Es ist wichtig, einzuschreiten, etwas zu unternehmen, bevor Konflikte handgreiflich werden. Es gibt viele Strategien, sie gewaltfrei zu lösen. Wir müssen stets genau hinschauen, wo sind welche unter uns, die schwächer sind, deren Schwäche ausgenutzt wird. *Sie* brauchen unseren Zuspruch, nicht die Stärkeren. Die Schule ist der beste Ort, um Zivilcourage zu lernen. Das geht sicher nicht in irgendeinem Unterrichtsfach, sondern das muss ein Grundprinzip in der Schule sein. Haltung zeigen ist wichtig! Wir müssen ständig hinschauen, achtsam sein, ein Gefühl für Recht und Unrecht entwickeln. Die Menschen mit Zivilcourage sind die eigentlich Starken, nicht die mit der meisten Kraft oder dem größten Einfluss.«

Diesen letzten Satz des Abgeordneten wollte Simon sich merken. Da steckte viel Wahrheit drin, fand er.

Doch wie sollte er sich verhalten, wenn die Starken in der Überzahl waren? Vor diese Frage wurde er schon wenig später gestellt.

Noch ganz in Gedanken an den Vormittag, war Simon auf dem Heimweg, als Sven sich ihm plötzlich in den Weg stellte. Simon wollte ihm ausweichen, schnell links an ihm vorbeigehen, als Sven mit einem lauten Pfiff einige seiner Freunde herbeirief. Blitzschnell hatten sie ihn umstellt, stießen ihn im Kreis rum, lachten, spuckten vor ihm aus und nannten ihn »Judenschwein«. Simon hatte keine Chance, ihnen zu entkommen. Er hoffte, dass ihm Passanten helfen würden, doch die einen schauten weg, und die andern gingen kopfschüttelnd vorbei. Niemand blieb stehen, niemand griff ein, niemand zog sein Handy aus der Tasche, um die Polizei zu rufen, obwohl Simon die Menschen Hilfe suchend ansah. Fanden sie, dass er »nur« ein Jude war, oder kam er sich in dem Moment bloß so vor? Wo waren die Menschen mit Zivilcourage? Gab es die überhaupt? Simon hatte auf einmal Zweifel.

»Jetzt kannst du dich entscheiden, wem du glaubst!«, spie Sven höhnisch hervor. Sein Gesicht war nur wenige Zentimeter von Simons entfernt. Simon nahm den Geruch von kaltem Zigarettenrauch aus dem Mund wahr. »Dem Bla-bla-bla-Mann von heute Vormittag oder dem Recht des Stärkeren!« Ein breites Grinsen zog sich über Svens Gesicht. »Los, Leute, wir ziehen ab! Wir wollen uns an dem Juden nicht die Hände schmutzig machen!«

Sven hatte offenbar großen Einfluss auf seine Leute, denn kaum hatte er zum Abmarsch aufgerufen, löste sich der Kreis, und Simon stand allein auf dem Bürgersteig. Er schüttelte sich. War das ein schlechter Traum gewesen? Oder die blanke Realität?

Simon schaute sich um. Alles war wieder wie vorher, Menschen hasteten an ihm vorbei, beachteten ihn nicht, wie er hilflos dastand. Was sollte er tun? Konnte er überhaupt etwas machen? Er hatte nichts in der Hand. Nur die Erinnerung blieb ihm.

Gedankenverloren ging er ein Stück weiter bis zu einer Bank und setzte sich hin. Der ganze Vorfall kam ihm so unwirklich vor. Sven – was wollte er damit beweisen? Dass er der Stärkere war? Und wer waren die andern, die offenbar auf sein Wort hörten? In der Schule hatte Simon sie noch nie gesehen.

Wie lange er auf der Bank saß, wusste er nicht. Jegliches Zeitgefühl war ihm abhandengekommen, so sehr war er mit seinen Gedanken beschäftigt. Erst ein leichter Nieselregen weckte ihn und er machte sich wieder auf den Heimweg.

Nicht als Simon Weiß betrat er sein Elternhaus, sondern als einer, vor dem ausgespuckt und der als »Jude« beleidigt wurde. Es war ein verwirrendes Gefühl.

Simon war froh, dass seine Mutter ihm keine großen Fragen stellte. Er verschwand in sein Zimmer, wollte Max oder Matthias anrufen, versuchte es bei beiden, doch niemand meldete sich. Er sprach ihnen auf die Mailbox, sie sollten sich bei ihm melden, doch selbst bis zum späten Abend rief keiner der beiden zurück. Irgendwann schlief er ein und nahm das Erlebte mit in seine Träume.

Gerädert wachte er am nächsten Morgen auf.

Auf dem Weg zur Schule hoffte er, seine Freunde zu treffen. Doch Fehlanzeige! Weit und breit kein Max und kein Matthias. Dafür sah er schon aus der Entfernung, wie Sven mit ein paar anderen vor dem Schulhof stand. Eine Zigarette drehte die Runde.

Simon nahm all seinen Mut zusammen und versuchte, an ihnen vorbeizugehen.

»Wir Deutsche wollen gegrüßt werden!«, rief Sven zu ihm rüber. Simon ging weiter, als hätte er ihn nicht gehört. Als er fast auf gleicher Höhe war, brüllte einer aus der Gruppe, den Simon vorher noch nie gesehen hatte: »Jude! Du hast dich verlaufen! Nach Auschwitz geht's in die andere Richtung! Also! Kehrt marsch!«

Simon wollte einen Bogen um sie machen, doch sie stellten sich ihm in den Weg. Eine Gruppe älterer Schüler war an diesem Morgen seine Rettung. Sie kamen geschlossen von der Bushaltestelle und Simon drängte sich zwischen sie. So erreichte er den sicheren Schulhof. Aber war der Schulhof wirklich ein sicherer Ort? Er erinnerte sich, wie es seinem Opa ergangen war.

Die Unterrichtsstunden verliefen, nicht nur an diesem Tag, sondern auch an den nächsten, halbwegs konfliktlos. Doch Simon war inzwischen mehr damit beschäftigt, nicht aufzufallen, als damit, am Unterricht teilzunehmen. Ständig hatte er ein Auge auf Sven, aber auch Achmed und Murat im Blick, die ihm mit gestrecktem Mittelfinger verdeutlichten, was sie von ihm hielten.

Deshalb bekam er nicht mit, dass ihn Marie, die zwei Plätze neben ihm saß, öfter lange anschaute und ihm ein Lächeln rüberschickte. Er hatte kein Auge für sie.

Jeden Morgen stand Sven nun mit seinen Freunden vor dem Schulhof, um ihn zu »begrüßen«. Häufig, wenn die Luft rein war, mit »Heil Hitler« oder »Sieg Heil«. Einer hatte an einem Vormittag ein quadratisches schwarzes

Pappstück dabei, das er sich unter die Nase hielt, um sich als Hitler zu demonstrieren. Ein anderes Mal tönten sie grinsend, es seien noch Gasrechnungen offen von damals, er wisse schon. Oder sie forderten ihn auf, »seinen Verwandten ins Gas zu folgen«. Sie hatten auch Zettel mit Hakenkreuzen oder Nazi-Sprüchen wie »Schade, dass die Gaskammern schon geschlossen sind« und »Hitler konnte sein Werk an den Juden leider nicht vollenden« dabei. Zwei aus der Gruppe hielten ihn fest, während ein anderer die Zettel in seinen Rucksack steckte. Simon fühlte sich absolut wehrlos.

Auch in den Pausen ließen sie ihm keine Ruhe. Hier waren es Achmed und Murat, die ihm das Leben schwer machten. Ihnen hatten sich weitere Schüler angeschlossen. Can und Hassan, zwei türkischstämmige Schüler, unterstützten die beiden. Sobald Simon den Schulhof betrat, waren sie in seiner Nähe, gingen auf ihn zu, rempelten ihn an, boxten ihn, beschimpften ihn mit »Scheiß Israeli«, »Mörder«, »Kindermörder« oder »Kindermörder Israel«*.

Blaue Flecke bekam er nicht nur am Körper, sondern auch an seiner Seele.

Wenn er sich nach einem Lehrer umschaute, der Aufsicht hatte, entdeckte er entweder keinen, oder sie waren mit anderen Schülern in ein Gespräch vertieft. War das immer Zufall, dass niemand die Auseinandersetzungen mitbekam? Oder wollten sie einfach wegschauen? Sie mussten doch etwas bemerken! Waren sie wirklich so blind und taub? Simon wusste es nicht.

Und wo waren seine Freunde Max und Matthias, wenn er sie brauchte? Einmal sah er sie, wie sie in einer anderen Ecke des Schulhofs mit ein paar Mädchen zusammenstanden. Das war bestimmt interessanter, als sich in seiner Nähe aufzuhalten, anderen Mitschülern zu zeigen, dass sie zu ihm hielten. So empfand es Simon und spürte mehr und mehr einen Knacks in der Freundschaft. Er konnte es nicht anders deuten.

Wie sollte es weitergehen? Er merkte, wie sich alles in ihm zusammenkrampfte. Von seiner früheren Schule hatte er dieses Gefühl des Allein- und Hilflosseins nicht gekannt. Jetzt war er noch kein halbes Jahr auf der neuen Schule und schon bereute er den Wechsel. Doch zurück wollte er nicht. Das wäre eine Niederlage gewesen. Die gönnte er den anderen nicht. Er musste das durchstehen. Allein. Mit den Eltern konnte er es nicht besprechen. Sie wären entsetzt, würden ihm Vorhaltungen machen und ihn schnell wieder an seiner ehemaligen Schule anmelden.

Hetzjagd

Simon läuft durch die Straßen. Es ist noch dunkel. Er muss sich so früh auf den Weg machen, denn er will ihnen nicht begegnen. Trotzdem hat er Angst. Er hat immer Angst. Hinter jeder Ecke können sie auf ihn lauern. Er nimmt nicht die übliche Strecke, an diesem Morgen macht er einen Umweg. Mal biegt er nach links, mal nach rechts in eine Seitenstraße ab. Er kennt sich aus, auch der längere Weg wird ihn zum Ziel führen. Zum Ziel? Was ist das nur für ein Ziel, das er jeden Morgen ansteuert? Spott und Demütigungen erwarten ihn dort.

Lieber würde er wieder umkehren, nach Hause laufen, dort wäre er sicher. Sicher? Seine Eltern würden ihn gleich wieder losschicken. Sie hatten ja keine Ahnung. »Du musst doch zur Schule!«, würde seine Mutter mit fester Stimme sagen. Und dann würde er den andern doch wieder in die Arme laufen, sich auslachen, beschimpfen und bespucken lassen. So wie fast jeden Morgen. Doch nicht heute. Das hat er sich fest vorgenommen.

Was sind das für Schritte hinter ihm? Umdrehen will er sich nicht. Sie können es nicht sein. Unmöglich! Nicht zu dieser frühen Stunde. Die Schritte kommen näher. Was soll er machen? Noch schneller rennen? Er versucht es, doch seine Beine gehorchen ihm nicht.

»Uns entkommst du nicht!« Die Stimme dröhnt von allen Seiten auf ihn ein. Es folgt ein lautes Lachen.

Er mobilisiert seine letzten Kräfte, will losrennen. Vergeblich! Sie haben ihn umzingelt. Er steht mitten in ihrem Kreis, den sie schrittweise enger ziehen. Was soll er tun? Was kann er noch machen? Um Hilfe schreien? Er versucht es. Aus seiner Kehle dringt nur ein leiser Piepston. Ängstlich schaut er sich um, zittert am ganzen Körper. Jetzt bloß nicht in die Hose pinkeln! Das kann er sich gerade noch vornehmen. Sonst nichts. Sie lachen, stoßen ihn, er taumelt in ihrem Kreis von einem zum andern. Jedes Mal ein Schlag in die Rippen. Sie reißen ihm den Rucksack weg, kippen den Inhalt auf den Bürgersteig. Ein Windstoß wirbelt Hefte und Arbeitsblätter auf, treibt sie über die Straße, lässt sie in einer Pfütze landen.

»Bist doch nicht so schlau, wie du gedacht hast, Jude!« Wieder ein Lachen. Gegenseitig klopfen sie sich auf die Schultern, johlen.

»Damit wir dich nicht noch mal sehen müssen, haben wir auch ein Geschenk für dich. Hier!« Einer hebt ein gefaltetes Stück Papier hoch, wedelt damit vor seinem Gesicht herum und steckt es dann in den Rucksack. Danach laufen sie in alle Richtungen auseinander.

Simon hebt seinen Rucksack an. Er ist schwer, schwer wie Blei. Simon versteht das nicht. Bücher und Hefte liegen doch auf dem Bürgersteig und der Straße verstreut. Warum hat er ein solches Gewicht? Er greift in den Rucksack und zieht einen Zettel heraus. Es ist genau der, den sie ihm eben noch vors Gesicht gehalten haben. Er faltet ihn auseinander und liest: Fahrkarte nach Auschwitz. Einfache Fahrt!

Schweißgebadet wachte Simon auf. Mit der rechten Hand tastete er nach dem Schalter seiner Nachttischlampe. Er knipste das Licht an, wischte sich mit dem Ärmel seines Schlafanzugs den Schweiß von der Stirn. Er kannte den Traum, jede einzelne Szene. Wie viele Nächte hatte er ihn schon in Angst und Panik versetzt? Trotzdem brauchte er ein paar Minuten, um zu begreifen, dass er zu Hause in seinem Bett lag. Ein Blick auf den Wecker verriet ihm, dass es zum Aufstehen noch zu früh war. Fünf Uhr. Noch eine gute Stunde. Er versuchte, sich zu beruhigen. War ja nur ein Traum, redete er sich ein. Doch er wusste, wie nah dieser Traum der Wirklichkeit kam.

Wie lange muss ich das noch mitmachen? Wie lange halte ich das noch aus, bevor etwas Schlimmes passiert? Die Fragen kreisten auch in dieser Nacht in seinem Kopf. Er müsste anfangen, drüber zu reden. In der Schule, vor allem aber auch zu Hause. Doch er hatte das Gefühl, dass seine Eltern in letzter Zeit viel mit sich selbst und ihrer Arbeit beschäftigt waren. Vermutlich gingen sie davon aus, dass bei ihm alles in Ordnung war. Gelegentlich fragten sie zwar, wie es ihm gehe. Aber dann schoben sie schnell ein »Alles o.k., oder?« hinterher, als wenn sie nichts hören wollten. Es war nur eine rhetorische Frage, die er stets mit einem Kopfnicken beantwortete. Doch vielleicht bildete er sich das auch nur ein, weil er einfach nicht mehr ein noch aus wusste. Er fühlte sich alleingelassen.

Simon musste wohl wieder eingeschlafen sein. Seinen Wecker, der ihn sonst selbst aus dem tiefsten Schlaf riss, hatte er offensichtlich überhört, denn plötzlich stand seine Mutter am Bett, fasste ihn an den Schultern und rüttelte ihn.

»Du kommst zu spät!« Der Vorwurf in ihrer Stimme war nicht zu überhören. Dann sagte sie aber etwas versöhnlicher: »Wenn du dich beeilst, kann Papa dich mitnehmen.«

Simon brauchte einen Augenblick, um zu begreifen, was er gerade gehört hatte. Nach seinem Albtraum war das ein Lichtblick. Nun ging alles ganz schnell. Raus aus dem Schlafanzug, rein in die Jeans, mit schnellen Schritten ins Bad, Gesicht und Oberkörper waschen, Deo in die Achselhöhlen sprühen. Seine Mutter hatte ihm ein frisches Sweat-Shirt rausgelegt.

Die Chance, zur Schule gefahren zu werden, wollte er sich auf keinen Fall entgehen lassen. Sein Albtraum sollte zumindest an diesem Tag nicht wahr werden.

»Wie läuft es in der Schule?«, wollte sein Vater unterwegs wissen. »Alles in Ordnung?«

Wieder diese rhetorische Frage. Wie er das hasste! Warum nahm sich sein Vater nicht die Zeit, mal in Ruhe mit ihm zu reden? Aber vielleicht musste ja Simon den Anfang machen.

Doch er brachte nichts als ein leises »Hm« und ein Nicken zustande.

Je näher sie der Schule kamen, desto unruhiger wurde er. Simon schaute sich nach allen Seiten um, dass sie ihn bloß nicht im Auto seines Vaters entdeckten.

»Ist wirklich alles in Ordnung?«, fragte der, als er die Unruhe seines Sohnes bemerkte. Er schaute ihn von der

Seite an und registrierte den ängstlichen Blick. »Du kannst offen mit mir reden, wenn du Probleme hast«, fügte er noch hinzu.

Chance zum Reden verpasst, ging es Simon durch den Kopf, bevor er die Autotür öffnete. Doch er führte es auf den falschen Zeitpunkt zurück.

»Nein, alles klar«, sagte Simon kurz. »Du kannst mich da vorne rauslassen, das letzte Stück geh ich zu Fuß.«

»Schaffst du das denn noch pünktlich?«

»Ich beeil mich, ein paar Schritte tun mir gut!«

Sein Vater hielt am Straßenrand, Simon schnappte sich seinen Rucksack, und mit einem kurzen »Tschüs« sprang er aus dem Auto.

Kaum war der Wagen verschwunden, hatten sie ihn schon entdeckt. Achmed, Hakan, Murat und Can. Auch Sven war mit seinen Freunden in der Nähe. Fast die ganze Gruppe, die ihm täglich auflauerte. Der Hass auf ihn, den Juden, einte sie.

Jetzt ärgerte Simon sich, dass er sich nicht bis zur Schule hatte fahren lassen.

Er wechselte die Straßenseite, um ihnen nicht in die Arme zu laufen. Doch sie hatten ihn längst im Visier, zeigten mit Fingern auf ihn, hoben Fäuste, lachten, steckten ihre Köpfe zusammen, sprachen sich ab und stürmten dann los. Wie immer waren sie in der Überzahl. Er hatte keine Chance. Was sollte er tun? Neben einem Erwachsenen herlaufen, der in die gleiche Richtung ging? Zu irgendeinem Haus rennen, Sturm klingeln und darauf hoffen, dass sich eine Tür öffnete? Warum hatte er sich nicht bis zur Schule fahren lassen? Jetzt bereute er es schon zum zweiten Mal.

Sie hatten ihn jetzt fast erreicht. Er rannte auf das erstbeste Haus zu, wollte klingeln, doch dafür schien ihm die Zeit zu kurz. Er lief um das Gebäude, gelangte in einen Garten, überwand dort einen Zaun und stand im Nachbargarten. Ein älterer Mann, der zu der frühen Stunde schon Unkraut jätete, sah ihn erschrocken an.

»Wo kommst du denn her?«, wollte er wissen. »Das ist hier kein Durchgang zur Schule!« Verärgert schaute er Simon an. Noch wütender wurde er, als er jenseits des Gartenzauns eine größere Gruppe von Jungen entdeckte.

»Wagt euch bloß nicht in meinen Garten!«, schrie er sie an und hob drohend seine Harke. »Seht zu, dass ihr wegkommt! Geht zur Schule, wo ihr hingehört!«

Zornige Blicke von jenseits des Zauns trafen Simon, Fäuste wurden gereckt, und Hakan deutete mit einer Bewegung der flachen Hand vor dem Hals an, ihn fertigzumachen. Dann zogen sie ab, schauten aber immer wieder zu ihm zurück.

»Was wollen die von dir? Hast du Streit mit ihnen?« Der Mann schaute Simon fragend an.

Was sollte er ihm sagen? Die Wahrheit? Einem fremden Mann? Unmöglich!

»Wird schon wieder«, antwortete er schnell, nur um etwas zu sagen. »Und danke, dass Sie mir geholfen haben!«

»Schon in Ordnung, wo willst du denn jetzt hin?«

Simon zeigte mit dem Finger in Richtung Schule. »Ich muss los.« Er hatte sich bereits zum Gehen umgedreht. »Sonst …« Mit dem Finger zeigte er auf seine Uhr.

Der alte Mann schaute ihm hinterher, bevor er sich wieder seinem Beet widmete.

Zur Schule ging Simon an diesem Vormittag nicht mehr. Ziellos streifte er durch die Stadt, ging in den Park und suchte sich einen ruhigen Platz auf einer Bank. Er brauchte Zeit, musste nachdenken. Gab es denn niemanden, der zu ihm hielt? Was war mit Max, seinem Freund? Wo war er, wenn Simon ihn brauchte? War er überhaupt noch sein Freund? Wie lange hatten sie sich nicht mehr getroffen, gemeinsam etwas unternommen? Max hatte immer eine Entschuldigung bereit. Und was war mit Matthias? Auch er ging ihm offenbar aus dem Weg, grüßte ihn eher pflichtschuldig, wenn er ihn sah, als aus Freude über das Wiedersehen. Simon musste sein Verhältnis zu den beiden unbedingt klären. Er brauchte verlässliche Freunde, die für ihn da waren. Andererseits konnte er den beiden nicht die alleinige Schuld geben. Wie lange war er nachmittags schon nicht mehr rausgegangen? Aus purer Angst, er könnte jemanden aus der Gruppe von Sven in der Stadt treffen. Nur noch zum Fußballtraining wagte er sich vor die Tür. Sein Weg bis zum Sportplatz war ja zum Glück nicht weit.

Simon zog sein Handy aus der Hosentasche und schickte beiden eine Nachricht. Er schlug ihnen ein Treffen noch an diesem Nachmittag vor. *Auf dem Bolzplatz, ihr wisst schon!* Dort hatten sie viele Jahre miteinander gekickt. Simon erinnerte sich wehmütig an die Zeit zurück. Später war der Platz einfach nur noch ein Treffpunkt gewesen, von dem aus sie ihre Unternehmungen starteten.

Mit einer schnellen Antwort rechnete Simon nicht, die beiden waren schließlich in der Schule.

Aber was war das da auf seinem Handy? Was waren das für Nachrichten? – *viele Hakenkreuze – Ich hasse euch Juden, ihr seid nicht wie wir – ihr habt unser Land geklaut – wegen euch haben meine Eltern keine Heimat mehr – wann gehst du endlich wieder in dein Land? – verpiss dich, du Jude! – ihr macht da unten im Nahen Osten nur Scheiße, ermordet Kinder – fangt endlich mal an Steuern zu zahlen …*

Wer hatte ihm das geschrieben? War es einer oder waren es mehrere? Die Wörter und Sätze waren einfach so rausgehauen worden, ohne Unterschrift und mit unterdrückter Nummer. Simon war entsetzt. Angst kroch in ihm hoch, Angst, immer und überall für sie erreichbar zu sein. Ob er die Nummer ändern sollte?

Ein Blick auf die Uhr verriet ihm, dass er eilig den Heimweg antreten musste. Jetzt bloß nicht zu spät nach Hause kommen und seine Mutter beunruhigen.

Pünktlich zum Mittagessen war Simon zu Hause. Charly hatte an dem Ende des Esstischs, der nicht eingedeckt war, ihre Schulsachen ausgebreitet. Sie liebte es, Hausaufgaben zu machen. Sie liebte die Schule, ihre Lehrerin, ihre Freundinnen. Für sie war die Welt noch rosarot, sie kannte die Gefahren nicht, wenn man eine staatliche Schule besuchte. Charly war noch auf einer jüdischen Grundschule. Dort war die Welt für die Kinder in Ordnung. Sie wurden von den Eltern hingebracht und wieder abgeholt oder ein Schulbus transportierte sie bis zum Eingang. Niemand musste den Schulweg allein gehen. Und niemand wurde wegen seiner Religion angefeindet.

Nach dem Essen verkrümelte sich Simon in sein Zimmer. Er legte sich aufs Bett, das Handy griffbereit neben sich auf dem Kopfkissen, und dachte nach. Was könnte er mit Max besprechen, was mit Matthias, wenn sie denn kommen würden? Sollte er sie direkt drauf ansprechen, dass er gemobbt wurde? Dass er Angst hatte, zur Schule zu gehen? Dass er nicht mehr wusste, wer noch zu ihm stand?

Die Zeit verging, sein Handy blieb stumm.

Endlich meldete es sich mit einem Piepton. Eine Nachricht war eingegangen. Sein Finger zitterte, als er über das Display wischte. Matthias hatte ihm geschrieben, er könne nicht, müsse noch für eine Klassenarbeit pauken. Ein andermal aber gern. War das eine Ausrede?

Simon antwortete ihm sofort. *Danke für deine Nachricht. Wann hast du denn Zeit? Gruß, Simon*

Matthias schrieb umgehend zurück: *Mal sehen, nächste Woche?*

Simon hätte ihn gern auf einen Termin festgelegt, wollte ihm einen Vorschlag machen, da kam eine Nachricht von Max.

Bin um 5 da. Hab noch was zu erledigen. Bolzen oder reden, wonach ist dir? L. G. Max

Reden! Gruß, Simon

Max

Simon war zu früh am vereinbarten Ort. Die Minuten bis fünf Uhr zogen sich. Wie sollte er das Gespräch mit Max beginnen? Was erwartete er von ihm? Hatte er noch die Hoffnung, dass bei Freundschaft gegenseitige Hilfe selbstverständlich sei?

In seinem Kopf herrschte Chaos. Nicht nur wegen dem Tag heute, sondern wegen der ganzen letzten Wochen und Monate. Die Tage, an denen ihn seine Feinde in Ruhe ließen, konnte er an einer Hand abzählen. Einzelheiten, wann sie ihn wie fertiggemacht hatten, wusste er kaum mehr. Alles war wie eine Lawine, die endlos weiter über ihm niederging. Mal waren es unterschwellige Beleidigungen, mal offene Angriffe. Mal steckten sie ihm Zettel mit Hakenkreuzen in den Rucksack, mal welche mit dem Wort »Auschwitz«, mal mit »Sieg Heil«-Gruß und mal mit »Heil Hitler«. Mal passierte es in der Klasse, mal in den Pausen, meist auf dem Schulweg. Und immer wieder kam das Wort »Jude«. Was war so schrecklich daran, dass er Jude war? Warum wurde er dafür gedemütigt? Er selber verachtete doch auch keine Christen und Muslime. Höchstens wenn sie ihn als »Juden« beschimpften, dann hatte er etwas gegen sie.

Simon schaute auf seine Uhr. Warum ließ Max ihn so

lange warten? Er verstand das nicht. Fünf Uhr, die Zeit hatte doch Max vorgeschlagen, nicht er. Und jetzt war Max schon eine Viertelstunde überfällig. Ob er ihn versetzte? Aber dann konnte er sich doch wenigstens melden, sich entschuldigen, dass was dazwischengekommen sei, oder eine andere Ausrede erfinden.

Simon wollte schon gehen, als er ihn kommen sah.

»Entschuldigung, dass du warten musstest«, sagte Max. »Ich musste zu Hause noch was erledigen, hat leider länger gedauert. Aber jetzt bin ich da.«

»Schon okay.« Simon schaute ihn verlegen an.

»Wo warst du heute?«, wollte Max wissen. »Ihr schreibt doch diese Woche Mathe! Warst du krank oder hast du blaugemacht?«

»Ne, weder noch, mir ist gerade alles egal«, gab Simon zurück. »Im Augenblick kotzt mich die ganze Schule an. Hab keinen Bock mehr, hinzugehen!« Das musste er loswerden, um Max den Ernst seiner Lage deutlich zu machen.

»Was ist denn los?«

»Was los ist? Du stellst Fragen! Dieser ganze Mob von Muslimen und Faschos ist ständig hinter mir her, die lassen mir keine Ruhe mehr.«

»Sorry, aber ich war in letzter Zeit oft spät dran, hab's immer gerade noch so geschafft, pünktlich zur Schule zu kommen. Was war denn los?«

Simon erzählte ihm als Beispiel von dem Vorfall am Morgen. Danach sei ihm die Lust vergangen, noch in die Schule zu gehen.

Er war froh und erleichtert, dass er das einfach mal erzählen konnte. Und er beschrieb Max auch, was sonst in letzter Zeit alles passiert war. Zum Schluss zeigte er ihm noch die Nachrichten, die man ihm auf sein Handy geschickt hatte.

Max sah ihn mit großen Augen an. »Das ist ja furchtbar! Meinst du, die meinen das echt ernst? Oder machen die sich nur einen Spaß? Freuen sich, wenn sie dir Angst einjagen. Was die WhatsApp-Nachrichten angeht, würde ich mir an deiner Stelle schnell eine neue Nummer besorgen. Dann sind sie an dem Punkt schon mal kaltgestellt.«

»Angst! Mir ist das egal, ob die Ernst machen oder nur ihren Spaß haben! Wo ist da der Unterschied? Angst hinterlässt Narben in meiner Seele. Wenn sie mich verprügeln, hab ich zusätzlich noch blaue Flecke. Spaß hin oder her – ich will endlich normal zur Schule gehen können, so wie alle andern auch.«

Max nickte und nahm Simon in den Arm. »Was kann ich tun?«

Mit dieser Frage hatte Simon gerechnet, doch eine konkrete Antwort wusste er nicht. Außerdem wollte er Max nicht um irgendwas bitten. Der Vorschlag musste schon von ihm kommen. Also zuckte er nur mit den Schultern und sagte kleinlaut: »Ich weiß es nicht.«

»Wer gehört denn zu der Gruppe dazu?« Max hatte zwar Vermutungen, kannte aber nicht alle aus Simons Klasse.

Simon zählte sie auf. Einen nach dem andern, nannte einfach nur ihre Namen, sonst nichts, keine Wertungen, keine Beurteilungen.

Max nickte wieder. »Schau sie dir doch an: Die einen sind von einer falsch verstandenen muslimischen Religion indoktriniert. Machen Juden, egal wo sie leben, für ihr Schicksal verantwortlich und bedauern, dass sie nicht alle in Auschwitz vergast wurden. Und die andern! Laufen immer noch der Idee von der arischen Rasse hinterher. Obwohl sie das heute anders formulieren: Sie haben nichts gegen die Menschen aus afrikanischen oder asiatischen Ländern, nur sollen sie dort bleiben, wo sie herkommen. Juden? Ja blöd, dass es noch welche gibt. Sie sollten doch alle nach Israel auswandern! Und natürlich gibt es auch noch die Vollpfosten, die sich wieder einen NS-Staat herbeiwünschen, um Hitlers Werk an den Juden zu vollenden.«

»Max, das weiß ich alles, aber ich weiß auch um ihre Körperkräfte. Meine blauen Flecke lassen sich schon nicht mehr zählen! Wenn man mit ihnen reden könnte, wär ich sofort dabei. Aber versuch mal, die von ihrer Überzeugung abzubringen! Das klappt nicht!«

»Wer weiß denn noch, dass du ständig gemobbt wirst? Hast du schon mit deinen Eltern gesprochen? Oder mit dem Flach? Der ist schließlich Vertrauenslehrer!«

»Sie haben gedroht, wenn ich mit irgendwem rede, machen sie mich platt. Genau so haben sie es gesagt! Deshalb hab ich bis jetzt den Mund gehalten. Ich will wenigstens ab und zu noch mal ohne Angst nachmittags in die Stadt gehen können.«

»Ach, und du meinst, wenn sie dich in der Stadt treffen, lassen sie dich in Ruhe? Glaub doch nicht an Wunder!

Du musst mit jemandem reden, sonst geht das immer so weiter.«

»Mit Lehrern reden kannst du vergessen. Weißt du, wie die sich verhalten, wenn ich in der Pause angerempelt, umgestoßen oder verprügelt werde? Hast du das mal mitbekommen? Die sehen das, drehen sich um und gehen weg. Weißt du, was das für ein Gefühl ist? Vor ein paar Tagen hab ich es noch erlebt. Frank aus der 10b – auch einer aus dem Kreis – hat mir die Kette mit dem Davidstern vom Hals gerissen, die, die mir meine Eltern zur Bar Mizwa geschenkt haben. Du weißt schon, und du weißt auch, was sie mir bedeutet! Als ich sie ihm wegnehmen wollte, hat er sie an Sven weitergeworfen. Sie ist rundgegangen durch die ganze Gruppe, die im Kreis um mich rumstand. Lauthals gejohlt haben sie, weil ich ohne Chance war. Frau Kleinschmidt hat ganz in der Nähe gestanden, die hatte Aufsicht. Als ich sie Hilfe suchend anschaute, hat sie sich einfach umgedreht und ist weggegangen. Mit diesen Schülern will sich doch kein Lehrer anlegen. Mal abgesehen davon, dass ich nicht weiß, wie die Lehrer überhaupt dazu stehen, dass ich Jude bin.«

»Gibt es nicht noch mehr jüdische Menschen an der Schule?«, unterbrach ihn Max.

Simon zuckte mit den Schultern und dachte kurz nach. »Juden?«, sagte er nach einer Weile. »Über tote Juden kann man gut reden. Der Holocaust war ja ganz schrecklich, aber über Juden heute? Gibt es denn noch welche? Das können doch nur noch ganz wenige sein. Warum soll man sich über die viele Gedanken machen? Wir sind eine

Schule. Hier wird unterrichtet, hier werden Fakten vermittelt. Alles, was darüber hinausgeht, fällt nicht in die Fachkompetenz der Lehrer! So sehe ich das.«

Max schüttelte den Kopf.

»Jetzt urteilst du, ehe du überhaupt den Versuch gemacht hast, das Problem vorzubringen. Das ist unfair. Wenn du Hilfe brauchst, wir können auch zusammen zum Flach gehen.«

»Das würdest du tun?« Simon konnte es kaum fassen. Mit einem solchen Angebot hatte er wirklich nicht gerechnet. Erleichtert atmete er auf.

»Klar doch, Freundschaft ist Freundschaft.« Max klopfte ihm auf die Schulter. »Mach's gut, ich muss leider los. Wir sehen uns morgen, dann gehen wir zum Flach!«

Dazu kam es aber nicht, denn Max war am nächsten Tag krank.

Flucht

Draußen im Wald konnte Simon es gut aushalten. Er mochte es, wenn der Wind durch die Baumkronen wehte und er nur das Rauschen hörte. Kein Auto, kein Flugzeug, erst recht keine Menschenstimmen. In den letzten Tagen war er oft hier gewesen. Schon gleich morgens fuhr er mit dem Stadtbus raus, ein Stück über Land, durch Dörfer, dann stieg er aus. Die letzte Strecke bis zum Wald legte er zu Fuß zurück. Manchmal kletterte er auf Bäume, so hoch, wie die Äste ihn trugen. Wenn der Waldboden trocken war, legte er sich auf den Rücken und blinzelte durch die Baumwipfel. Er hatte sogar schon einen Lieblingsbaum gefunden, eine alte, knorrige Eiche. Sie war höher als die anderen Bäume, und wenn er hochkletterte, konnte er fast den ganzen Wald überblicken. Und vergessen.

Simon brauchte eine Auszeit, das spürte er. Er musste zur Ruhe kommen. Allein!

Die Entscheidung hatte er an einem Montag getroffen. Er hatte gehofft, auf dem Schulweg Max zu treffen, doch dann entdeckte er Sven. Nein, entschied er an diesem Morgen, heute gehe ich nicht zur Schule. Und er drehte um, lief zur Bushaltestelle und fuhr mit dem erstbesten Bus los. Er hatte keine Ahnung, wohin, aber als er sah, dass sie die Stadt verließen, über Land und durch Dörfer fuhren, wurde er ruhiger. Als er schließlich den Wald erreichte, ging es ihm gut.

Fünf Tage hintereinander zog es ihn dorthin. Er beobachtete Vögel, sah in den frühen Morgenstunden Hasen und Rehe und einmal sogar ein Rudel Wildschweine. Wenn er Hunger hatte, setzte er sich unter einen Baum, packte sein Pausenbrot aus und aß. Wenn ihn jemand gesehen hätte, wäre er sicher überzeugt gewesen, dass da ein glücklicher Mensch saß.

Äußerlich stimmte das vielleicht auch, doch in seinem Innern nagte etwas. Natürlich wusste er, dass es um die Schule ging. Und er wusste auch, dass sich etwas ändern musste. Aber wie?

Vor einigen Tagen hatte er versucht, mit Matthias zu reden. Er hatte ihn einfach nach der Schule abgepasst und war ein Stück mit ihm gelaufen. Matthias hörte sich alles an, was Simon erzählte. Mit nur wenigen Worten kommentierte er seine Ausführungen. »Es gibt doch bestimmt Leute in deiner Klasse, die eher auf deiner Seite stehen als auf der von Sven und den andern. Versuch da mal Kontakte zu knüpfen, ich bin sicher, es wird dir gelingen. Ich denk da zum Beispiel an die Marie.«

»Wieso ausgerechnet Marie?« Simon war erstaunt.

»Sie hat sich nach dir erkundigt, wollte wissen, was du für einer bist«, erklärte Matthias, zwinkerte ihm zu und verschwand um die nächste Ecke.

Marie, überlegte Simon, als er unter seiner geliebten Eiche saß. Wieso ausgerechnet Marie? Gut, sie war nett, aber auch sehr zurückhaltend, wenn sich jemand mit ihm anlegte, ihn als »Juden« titulierte. Oder hatte er sie zu wenig beachtet? Und was war mit Tim, der ihn bereits in den ersten Tagen angesprochen hatte, als er neu in der Klasse war. Mike, der neben ihm saß, war auch ganz nett, doch ängstlich. Nie bezog er Stellung, wenn sein Banknachbar angegriffen wurde.

Simon merkte, dass er gar keine genauen Erinnerungen mehr an die Zeit hatte, bevor er sich als Jude outete. Das schien so lange her. Was sich seit Anfang November ereignet hatte, überlagerte alles. Er fand keinen Halt mehr in der Klasse. Ständig saß ihm die Angst im Nacken. Das wirkte sich auch auf seine Leistungen aus. Eine Fünf in Mathe hatte er noch nie geschrieben! Jetzt steckte das Heft mit der schlechten Note in seinem Rucksack und er sollte es unterschreiben lassen. Wie sollte er die vergeigte Arbeit seinen Eltern erklären? Noch eine Frage, auf die er keine Antwort wusste.

Doch es musste bald was geschehen. Er konnte ja nicht ewig im Wald Zuflucht suchen. Bislang hatte er Glück gehabt, es waren milde Märztage. Das konnte sich aber täglich ändern. Mit Schnee oder Regen würde er es hier keinen Vormittag aushalten.

Auch auf eine weitere Frage musste er eine Antwort finden. Wie sollte er in der Schule seine Fehltage erklären? Er brauchte eine Entschuldigung, unterschrieben von den Eltern. Wie sollte er ihnen *das* erklären? Oder sollte er unentschuldigte Fehltage auf dem Zeugnis riskieren?

Ein ganzes Bündel von Problemen hatte sich angesammelt, für die er keine Lösung wusste und sie im Wald auch nicht fand. Je länger er alles vor sich herschob, desto schlimmer wurde es. War er jetzt an dem Punkt angelangt, an dem er anfangen musste zu reden? Mit wem zuerst? Mit den Eltern? Sein Magen krampfte sich bei dem Gedanken zusammen.

Anrufe

Als Simon am letzten Tag von seinem Trip in den Wald nach Hause kam, wurde er schon von seiner Mutter erwartet.

»Wo warst du?«, fragte sie ihn.

Simon war verlegen. Sollte er jetzt auspacken? Er druckste herum. »Ich war … hm … ich war …«

»Du warst nicht in der Schule! Heute nicht und die ganze Woche nicht. Also, wo warst du?« So energisch hatte er seine Mutter noch nie erlebt.

»Stimmt«, gab Simon zu, »ich war die ganze Woche nicht in der Schule. Können wir heute Abend darüber reden? Es ist Schabbat, da haben wir Zeit, ich hab viel zu erzählen.«

»Die Sekretärin von deiner Schule hat angerufen. Sie wollte wissen, ob du krank bist. Wenn jemand länger fehlt, muss das der Schule gemeldet werden.« Seine Mutter schüttelte den Kopf. »Was ist bloß in dich gefahren, eine ganze Woche die Schule zu schwänzen? Die Sekretärin will heute noch wissen, was los ist, sonst trägt sie dir unentschuldigte Fehltage ein.«

»Soll sie von mir aus!« Simon war verärgert, gleichzeitig aber auch froh, dass etwas in Bewegung kam.

Doch seine Mutter ließ nicht locker.

»Warum warst du nicht in der Schule? Ich muss ihr ja einen Grund sagen!«

»Heute Abend bin ich bereit, mit euch über alles zu sprechen. Sag ihr einfach, ich werde schon seit längerer Zeit gemobbt.«

»Was? Aber warum denn? Und warum hast du nicht mit uns geredet?« Sie war immer davon ausgegangen, zu ihrem Sohn ein vertrauensvolles Verhältnis zu haben. Und nun das! Mit großen Augen schaute sie ihn an.

»In der Klasse ist bekannt geworden, dass ich Jude bin. Das war vor ein paar Monaten, im November, um genau zu sein. Seitdem gibt es Leute dort, die mir keine Ruhe mehr lassen, mich als Juden beschimpfen.«

»So lange geht das schon?« Frau Weiß hatte Tränen in den Augen. Ihr Sohn ... ihre Befürchtungen hatten sich also bewahrheitet. Doch das war jetzt egal, sie wollte ihrem Sohn beistehen, für ihn kämpfen, mit aller Kraft.

Bevor sie zum Telefon griff, musste sie sich erst hinsetzen und ein paar Mal tief durchatmen, dann war sie bereit.

»Hier ist Frau Weiß«, meldete sie sich. »Frau Korn, ich sollte mich heute noch mal wegen der Fehltage meines Sohnes melden. Ich habe jetzt mit ihm gesprochen. Mein Sohn war diese Woche nicht in der Schule, weil er gemobbt wird.«

»Vielen Dank, Frau Weiß, ich trage ihn dann in den Unterlagen als krank ein«, entgegnete Frau Korn ganz höflich und wollte den Hörer schon auflegen.

»Hören Sie, Frau Korn, mein Sohn war nicht krank! Er wird an der Schule gemobbt!« Frau Weiß wurde jetzt sehr energisch.

»Das kommt öfter mal vor, dass sich Schüler untereinander nicht verstehen, aber das ist doch kein Grund, nicht zur Schule zu gehen! Ob Mobbing als Entschuldigung anerkannt wird, bezweifle ich.«

»Verbinden sie mich bitte mit dem Direktor!«, verlangte Frau Weiß.

»Ich weiß nicht, ob er jetzt Zeit hat!«

»Dann wird er sich die Zeit nehmen müssen!«

Es dauerte eine Weile, bis er am Apparat war.

»Hier Schneiderjahn«, meldete er sich nach einer gefühlten Ewigkeit. »Guten Tag, Frau Weiß, ich habe gehört, worum es geht. Mobbing ist nun wirklich kein Entschuldigungsgrund. Wenn Ihr Sohn einen Grund zur Beschwerde hat, kann er sich an seinen Klassenlehrer wenden oder im Notfall auch an mich. Wir werden …«

»Herr Schneiderjahn«, begann Frau Weiß mit Nachdruck, »Sie wissen nicht einmal, was der Hintergrund ist, und schon machen Sie Lösungsvorschläge. So schnell lasse ich mich von Ihnen nicht abfertigen.«

»Frau Weiß«, unterbrach sie der Direktor. »Schüler haben immer wieder mal Auseinandersetzungen, die wir Erwachsene nicht verstehen können. Aber deswegen muss man doch nicht eine ganze Woche die Schule schwänzen!«

»Mein Sohn wird nicht gemobbt, weil er mit ein

paar Schülern Streit hat, er wird gemobbt, weil er Jude ist!«

»Jetzt aber mal langsam! Antisemitismus gibt es an unserer Schule nicht! Dafür lege ich meine Hand ins Feuer!«

»Die werden sie sich schnell verbrennen, wenn das öffentlich wird. Das garantiere ich Ihnen!«

»Liebe Frau Weiß«, säuselte er auf einmal, »lassen Sie uns doch wie erwachsene Menschen miteinander reden. Wem ist denn geholfen, wenn bekannt wird, dass Ihr Sohn wegen seines Jüdischseins gemobbt wird? Niemandem! Ihrem Sohn am allerwenigsten.«

»Mein Sohn hat kein Problem damit, dass er Jude ist. Probleme haben andere damit, zum Beispiel einige seiner Mitschüler. Wissen Sie davon? Oder erwähnt man es Ihnen gegenüber nicht. Dann haben Sie eine mangelhafte Kommunikation in Ihrem Kollegium.«

»So kommen wir nicht weiter, Frau Weiß.« Jetzt wurde Herr Schneiderjahn lauter. »Ihr Sohn soll am Montag zu mir kommen, dann finden wir eine passende Lösung für ihn.«

»Das kann er gerne machen«, entgegnete Frau Weiß im gleichen Tonfall, »aber ich behalte mir weitere Maßnahmen vor. Da muss sich an Ihrer Schule etwas grundlegend ändern. Ich wünsche Ihnen ein besinnliches Wochenende!«

Damit beendete sie das Gespräch.

Simon war von der Vehemenz seiner Mutter überrascht. Das hatte er nicht erwartet. Dem Abend sah er jetzt gelassener entgegen. Er wusste nun zumindest sie schon mal auf seiner Seite. Für sein Schweigen würde er sich entschuldigen. Er sah ein, dass es ein Fehler gewesen war, seinen Eltern gegenüber so lange zu schweigen.

Maßnahme

Simon fühlte sich erleichtert. Das Gespräch mit den Eltern am Schabbat empfand er im Nachhinein wie einen starken Sturm, der durch seinen Kopf geweht war und alles wegfegte, was ihn belastete. Und was ihn ganz besonders überraschte: Mit keinem Wort hatten seine Eltern erwähnt, er solle wieder zurück an seine alte – jüdische – Schule gehen. Im Gegenteil! Sie gaben sich kämpferisch und waren überzeugt, gerade jetzt etwas gegen diesen Antisemitismus unternehmen zu müssen. Nicht abwarten, nicht die Füße still halten, sondern aus dem akuten Anlass heraus handeln: Das war ihre Position.

Sie ermutigten Simon auch, dem Schulleiter gegenüber entsprechend aufzutreten. Er sei ja, so wie seine Mutter ihn am Telefon erlebt hatte, ein Mann ohne Rückgrat.

Nicht ängstlich, wie in den Monaten zuvor, machte sich Simon am Montag auf den Weg zur Schule. Niemand sollte sich ihm an diesem Morgen in den Weg stellen. Er hatte sich Worte und Sätze zurechtgelegt, die er Sven oder wem auch immer entgegenschleudern würde.

Und tatsächlich standen sie wieder ein Stück vor dem Schulhof auf dem Bürgersteig, lachten und grölten. Simon verstand nicht, wie Sven sich mit diesen Typen abgeben konnte. Oder brauchte er das Gefühl, ihnen geistig überlegen zu sein? Denn Sven war, wenn Simon versuchte, es objektiv zu sehen, ein guter Schüler, zumindest in den naturwissenschaftlichen Fächern. Was ihn zu seinem antisemitischen und auch rassistischen Gedankengut brachte, konnte Simon nicht nachvollziehen.

Genau in dem Augenblick standen sie vor ihm.

»Na, heute keine Ausweichmanöver?«, frotzelte Sven, »oder hast du letzte Woche ein Überlebenstraining gemacht?«

Seine Freunde lachten laut.

»Schade«, fuhr Sven fort, »wir hatten schon gehofft, deinen Anblick nicht mehr ertragen zu müssen.«

»Mit mir müsst ihr rechnen!«, entgegnete Simon mit kräftiger Stimme, »und jetzt lasst mich durch, ich hab gleich einen Termin beim Direktor. Wenn ihr jetzt nervt, nehm ich das auch noch auf meine Beschwerdeliste!«

Simon wunderte sich über sich selbst, dass er so klar und selbstbewusst auftreten konnte. Das machte ihm Mut.

»Hey Alter, wenn du dem Direx irgendwelchen Scheiß erzählst, dann kannst du was erleben, das schwör ich dir!« Sven war sichtlich aufgebracht, aber auch Angst schwang in den Worten mit. Das spürte Simon. Soll er doch ruhig mal Angst haben, dachte er, vielleicht bekommt er ja dann ein Gefühl dafür, wie das ist.

»So, und nun lasst mich durch, der Schneiderjahn wartet nicht gerne!«

Simon traute seinen Augen nicht. Sie bildeten eine Gasse und ließen ihn durch. Jetzt nur nicht ängstlich umdrehen, sagte er sich, sondern immer geradeaus weitergehen.

Er hatte es geschafft. Nur noch ein unverständliches Gemurmel hörte er hinter sich. Ihre wütenden Gesichter und ausgestreckten Mittelfinger sah er nicht.

Das war der erste Teil, den er mit Bravour absolviert hatte. Der zweite lag unmittelbar vor ihm. Er schlängelte sich durch die Schülermassen, schlug im ersten Stock den Weg zum Sekretariat ein, klopfte, wartete einen Augenblick, und weil ihn niemand aufforderte einzutreten, öffnete er einfach die Tür.

»Was willst du denn schon um diese Zeit? Komm in der Pause wieder, dann ist hier weniger los!« Frau Korn hatte nur kurz hochgeschaut und sich dann wieder über die Papiere auf ihrem Schreibtisch gebeugt. Simon glaubte nicht, dass sie ihn erkannt hatte.

»Ich soll zu Herrn Schneiderjahn!«, sagte Simon entschieden. »Er erwartet mich!«

Jetzt schaute ihm Frau Korn ins Gesicht.

»Ach, du bist es. Da hast du dir ja letzte Woche ganz schön was geleistet, Freundchen. Einfach blaumachen, das geht wirklich nicht. Aber es ist nicht meine Aufgabe, dir das klarzumachen, das wird der Herr Direktor dir schon beibringen. Setz dich da auf den Stuhl, der Herr Direktor hat noch ein Telefongespräch mit dem Schulamt!«

Ob ihre roten Flecke im Gesicht und am Hals vom Ärgern kommen?, überlegte Simon und nahm auf dem angebotenen Stuhl Platz. Er schaute sich in dem Raum um.

Nüchtern kam er ihm vor, nur eine kümmerliche Grünpflanze stand am Fenster. Das Büro an seiner früheren Schule war komplett anders gewesen. Nicht nur Pflanzen gab es dort, an den Wänden hingen auch Bilder, die die Kinder gemalt hatten. Und die Sekretärin hatte immer ein nettes Wort für die Kinder gehabt.

Nein, Simon wollte jetzt nicht die zwei Schulen miteinander vergleichen. Er hatte sich für diese entschieden. Und nicht die Äußerlichkeiten waren entscheidend, sondern wie man mit den Schülerinnen und Schülern umging. Nur darum ging es.

Wie lange telefonierte der Schneiderjahn eigentlich schon? Ungeduldig rutschte Simon auf seinem Stuhl hin und her. Die erste Hälfte der Unterrichtstunde war bereits vorbei. Vielleicht wäre es besser, zu einem anderen Zeitpunkt noch mal zu kommen, überlegte er.

»Das Telefongespräch wird bald zu Ende sein«, versicherte ihm Frau Korn. »Er hat für halb neun einen Kaffee bestellt. Dann werde ich ihn fragen, ob du eintreten darfst.«

Pünktlich um halb neun servierte Frau Korn dem Direktor tatsächlich seinen Kaffee.

»Einen Augenblick noch«, meinte sie, als sie aus seinem Büro herauskam. »Er muss sich noch ein paar Notizen machen, dann wird er dich rufen.«

Für diese paar Notizen brauchte er wieder ganze fünf Minuten. Doch schließlich war es so weit.

»Simon Weiß, du kannst jetzt reinkommen!«

Das war ein klarer Befehlston.

Simon betrat das Büro. Herr Schneiderjahn thronte wieder hinter seinem riesigen Schreibtisch. Einen Platz bot er ihm nicht an.

»So geht das nicht, Simon, du kannst nicht einfach der Schule fernbleiben, das können wir hier nicht dulden!«

»Ich bin nicht einfach der Schule ferngeblieben!« Simon nahm seinen ganzen Mut zusammen. »Ich bin gemobbt worden und hatte Angst!«

»Ja, ja, das hat deine Mutter mir auch schon am Telefon gesagt. Aber für deine Behauptung gibt es einfach keine Belege. Ich habe mich im Kollegium umgehört. Niemand, aber auch wirklich niemand hat etwas mitbekommen. Außer diesem einen Vorfall, den wir jedoch hier geklärt haben.«

»Es ist aber so, ich werde gemobbt, und das nur aus dem einen Grund, dass ich Jude bin.«

»Erzähl mir keine Geschichten, ich habe in den Klassenlisten nachgeschaut, wir haben noch sechs weitere jüdische Schüler an unserer Schule, und mit keinem gibt es Probleme. Nur mit dir.«

Simon war geschockt. Es lag also an ihm? Sah der Schneiderjahn das tatsächlich so? Er konnte es nicht fassen.

»Es liegt bestimmt nicht an mir, sondern …«

»Wir wollen hier keine große Geschichte draus machen«, unterbrach ihn Schneiderjahn. »Ich habe mir am Wochenende überlegt, wie wir der Sache beikommen können.«

Simon war gespannt.

»Wir können den vermeintlichen Anfeindungen gegen dich dadurch entgegenwirken, dass du in den Pausen im Klassenraum bleibst. Damit du die Zeit nicht allein dort verbringen musst, kannst du dir zwei oder drei Freunde mit dazunehmen. Das habe ich deinem Klassenlehrer schon mitgeteilt und so werden wir es machen.«

Simon schaute Herrn Schneiderjahn ungläubig an.

»Wieso werde ich bestraft, wenn andere mich mobben? Und außerdem: Das Problem besteht nicht nur in den Pausen, das taucht auch im Unterricht immer wieder auf und auf dem Schulweg!« Simon war laut geworden, weil er sich ärgerte.

»Jetzt mal halblang, junger Freund! Du kannst hier nicht einfach lospoltern, weil dir etwas nicht passt. Ich habe das alles genau durchdacht! In den Unterrichtsstunden sind die Lehrer da, die für Ordnung sorgen, und wenn es Probleme auf dem Schulweg gibt, müssen sich deine Eltern darum kümmern! Ich habe die Maßnahme angeordnet und dabei bleibt es jetzt!«

»Es gibt ein Antisemitismus-Problem an der Schule!« In Simon erwachten auf einmal ungeahnte Kräfte. »Die müssen angegangen werden!«

»Willst du mich etwa belehren? So eine Frechheit ist mir während meiner gesamten Laufbahn noch nicht untergekommen! Darüber werde ich einen Vermerk in deiner Schülerakte machen!«

»Tun sie das ruhig«, entgegnete ihm Simon gelassen. »Ich werde jetzt in meine Klasse gehen.« Er konnte nicht glauben, was er gehört hatte. War dieser Schulleiter tatsächlich der Repräsentant der Schule? Einer, der nur seine eigene Einstellung zuließ? Was war mit den Lehrern? Tanzten sie alle nach seiner Pfeife? Unvorstellbar!

Simon verließ das Büro des Direktors, ohne sich noch einmal umzuschauen. Er war wütend. Hinter sich hörte er, wie Schneiderjahn »So eine Unverschämtheit!« vor sich hin nuschelte.

Bevor Simon in seine Klasse ging, musste er erst noch mal raus an die frische Luft. Er lief auf dem Schulhof hin und her, die Worte von Schneiderjahn kreisten in seinem Kopf. *Du wirst in den Pausen im Klassenraum bleiben!* Was war dieser Direktor nur für ein Mensch? Wollte er einfach nur Ruhe an seiner Schule haben? War das sein Ziel?

Seine Eltern würden sich mit der verhängten Maßnahme auf keinen Fall zufriedengeben. Da war sich Simon ganz sicher.

Die zweite Stunde war schon zur Hälfte vorbei, als er in die Klasse kam. Herr Stemmler schaute ihn erwartungsvoll an.

»Sie wissen ja offenbar schon Bescheid«, sagte Simon und setzte sich auf seinen Platz. Er schaute sich im Klassenraum um, diesmal blieb sein Blick bei Marie hängen. Auch sie schaute ihn an und lächelte etwas verlegen. Es war ein angenehmes Gefühl.

Marie, dachte er. Soll ich sie fragen, ob sie die Pausenzeit mit mir im Klassenraum verbringen möchte. Obwohl – wäre das nicht grundsätzlich eine Zumutung, für wen auch immer, die Pause nicht draußen verbringen zu können?

Simon wusste auch nicht, wie das jetzt eigentlich gedacht war. Sollte *er* einen oder zwei Mitschüler aus der Klasse fragen, ob sie die Zeit mit ihm hier drinnen verbringen wollten, oder würde Stemmler welche aussuchen und den Verbleib in der Klasse anordnen? Simon musste abwarten.

Nach dem Klingelzeichen strebten alle wie gewohnt zur Tür. Sie wollten raus, zur Toilette, auf den Schulhof, an die frische Luft. Egal, einfach nur raus. Bloß Simon blieb sitzen, wartete ab.

»Herr Schneiderjahn hat dir ja offenbar mitgeteilt, wo du deine Pausen demnächst verbringen wirst.«

Simon nickte.

»Willst du allein bleiben oder soll ich dir jemanden schicken?«

»Ich will niemandem seine verdiente Pause stehlen«, erwiderte Simon. »Das wäre unfair.«

»Ganz wie du willst. Du kannst dir ja in den nächsten Tagen jemanden aussuchen, der dir Gesellschaft leisten möchte.«

»Ich glaube nicht, dass das notwendig sein wird.« Simon schaute Herrn Stemmler vielsagend an. Der zuckte mit den Schultern, nahm seine Tasche vom Pult und verließ den Raum.

Reaktion

Simons Eltern waren wütend. So wie an diesem Abend hatte er sie noch nie erlebt. Beide liefen mit hochrotem Kopf durchs Wohnzimmer und schimpften lauthals über Schneiderjahn und seine unverfrorene Maßnahme gegen ihren Sohn.

So ging das eine ganze Weile, doch irgendwann waren sie erschöpft, setzten sich auf die Couch und starrten vor sich hin.

»Wie soll es jetzt weitergehen?« Aaron Weiß ergriff als Erster das Wort. »Vielleicht hofft er ja heimlich, wir würden unseren Sohn wieder von der Schule nehmen, damit er seine Ruhe hat.«

»Den Gefallen tun wir ihm nicht«, sagte seine Frau entschlossen. »Wir werden nicht kneifen! Wir werden ihn zur Rede stellen und, wenn es sein muss, auch öffentlich vorführen!«

»Was hast du vor?« Simon wusste mit den Andeutungen nichts anzufangen.

»Ich denke an eine Elternversammlung«, bekam er zur Antwort.

Aaron Weiß war skeptisch. »Meinst du, damit erreichst du die Richtigen, Monika? Ich weiß nicht, die, die es betrifft, werden nicht kommen. Dann sitzen wir vielleicht mit ein paar wenigen Gleichgesinnten zusammen und können uns in unseren Ansichten gegenseitig bestärken.«

»Selbst wenn wir nur unter Gleichgesinnten sein sollten, erfahren sie doch auf diese Weise wenigstens, was an dieser Schule los ist. Über Antisemitismus kann man sich in Diskussionen ja immer gut echauffieren, doch wenn es konkret wird, möchte ich sie sehen, wie sie wirklich sind.«

»Wenn du meinst, ich habe da keine große Hoffnung, dass es etwas bringt.« Aaron Weiß schüttelte den Kopf. »Meinst du nicht, wir sollten zuerst mal mit Direktor Schneiderjahn ein Gespräch führen? Wir können ihm seine Fehlentscheidung vor Augen halten und ihm damit die Möglichkeit geben, sie wieder zurückzunehmen.«

»Nein«, widersprach seine Frau, »es geht nicht nur um eine Entscheidung, die vielleicht zurückgenommen werden könnte. Es gibt ein grundlegendes Problem und das heißt Antisemitismus. Das will ich vorbringen.«

Noch am gleichen Abend schrieb Frau Weiß Herrn Schneiderjahn eine Mail, in der sie ihn aufforderte, zusammen mit dem Klassenlehrer zeitnah einen Elternabend einzuberufen. Zu diesem Treffen sollten auch alle Lehrer, die in der Klasse unterrichteten, eingeladen werden.

Am Morgen des nächsten Tages, die zweite Unterrichtsstunde hatte gerade begonnen, kam völlig unvermittelt eine Ansage über den Lautsprecher. Ansagen solcher Art gab es sonst nur bei Übungen zum Feueralarm. Die Stimme der Sekretärin Frau Korn war deutlich zu hören: »Simon Weiß, bitte zu einem Gespräch mit Herrn Direktor Schneiderjahn. Jetzt gleich!« Weg war die Stimme wieder.

Alle schauten Simon an, auch seine speziellen Freunde Sven, Achmed und Murat. Sie grinsten. Vielleicht rechneten sie damit, er würde von Schneiderjahn einen weiteren Anschiss bekommen.

Simon stand auf, verließ die Klasse und kurze Zeit später stand er im Büro des Direktors.

»Nimm doch bitte Platz«, bot Herr Schneiderjahn ihm in einem freundlichen Tonfall an. Was war los? Hatte er Kreide gefressen? Die letzten Begegnungen mit ihm hatte Simon in anderer Erinnerung.

»Simon, damit wir uns richtig verstehen«, begann er schwülstig, »ich habe überhaupt keine Vorbehalte gegenüber Juden, im Gegenteil! Ich finde furchtbar, was damals geschehen ist. Ich ... ich ...«, stotterte er und schien darüber nachzudenken, was er sagen sollte.

»Ja?«, fragte Simon nach einer Weile.

»Ich ... ich ...«, begann er wieder, und nach einer weiteren Pause brachte er endlich den Satz zu Ende. »Mit meiner Maßnahme wollte ich dich nicht bestrafen, sondern einfach nur schützen. Glaub mir, das war der Hintergrund, warum ich das angeordnet habe.«

Aha, dachte Simon, die Mail seiner Mutter zeigte erste Wirkung.

»Ich empfinde es aber als eine Bestrafung«, sagte Simon sachlich. »Es gibt mindestens drei Schüler in der Klasse, die ganz eindeutig etwas gegen mich haben, weil ich Jude bin. Die Gründe bei ihnen sind unterschiedlich, aber sie lassen mich bei jeder Gelegenheit spüren, dass sie mich ablehnen.«

»Ja, ich weiß«, gab Herr Schneiderjahn zu. »Man müsste da unbedingt mal etwas unternehmen.«

»Nein«, widersprach Simon, »man müsste nicht, man muss!«

»Deine Mutter verlangt, ich soll einen Elternabend einberufen. Rein formal betrachtet ist das zunächst Aufgabe des Klassenelternsprechers und des Klassenlehrers. Das kann ich natürlich in Absprache mit ihnen machen. Ich sehe nur noch nicht, wozu das gut sein soll. Lieber würde ich mir aber mal die drei Schüler vornehmen und eindringlich mit ihnen reden, dass sie dich in Zukunft in Ruhe lassen. Wenn sie sich daran nicht halten, bekommen sie eine Abmahnung von mir.«

»Ich kann dazu jetzt nichts sagen.« Simon schaute an sich hinab. Er hatte ein ungutes Gefühl. Wenn Schneiderjahn tatsächlich mit ihnen reden würde, dann konnte es ziemlich gefährlich werden. In der Klasse würden sie ihn vielleicht in Ruhe lassen, doch hinter seinem Rücken alles in Bewegung setzen, um ihm das Leben draußen zur Hölle zu machen. Er dachte dabei in erster Linie an die Freunde von Sven. Aber auch Achmed und Murat hatten sicher einen Freundeskreis, den sie auf ihn loslassen würden.

Simon war versucht, sein Handy auf den Schreibtisch von Herrn Schneiderjahn zu legen. In den WhatsApp-Nachrichten hätte der Direktor nachlesen können, dass die Angriffe auf ihn nicht nur während des Unterrichts stattfanden. Fast rund um die Uhr wurden ihm Hakenkreuze*, Sigrunen*, das SS-Totenkopfabzeichen* und andere Nazi-Symbole geschickt. Auch gefakte Gasrechnungen, an ihn adressiert, waren dabei, und zum Schluss wurde immer mit »Heil Hitler« oder »Sieg Heil« gegrüßt. In anderen Nachrichten bedauerten die Absender, dass alle Gaskammern geschlossen seien. Es wurde auch offen gedroht, er solle sein »Scheiß-Judenmaul« halten, sonst könne er sich schon mal auf einen längeren Krankenhausaufenthalt einstellen.

Simon hatte versucht, die Absender ausfindig zu machen, doch niemand unterschrieb mit Klarnamen.

»Du musst jetzt auch nichts dazu sagen.« Schneiderjahn kehrte wieder zu seinem gewohnten Tonfall zurück. »Sag deiner Mutter, ich werde den Elternabend einberufen. Sag ihr aber auch, dass meine Maßnahme nur zu deinem Schutz gedacht war. So … und jetzt kannst du wieder in deine Klasse zurückgehen.«

Es waren nur noch wenige Minuten bis zur Pause, als Simon in seinem Klassenraum ankam. Wie gerne wäre er mit den anderen rausgegangen, hätte sich mit Max und Matthias in eine Ecke verzogen und mit ihnen geredet. Doch Schneiderjahn hatte seine verordnete Maßnahme nicht aufgehoben. Simon blieb nichts anderes übrig, als erneut die Zeit in der Klasse zu verbringen. Endlos lange zwanzig Minuten, in denen die anderen draußen sein durften.

Wie gewohnt, stürmten beim Klingelzeichen alle zur Tür. Alle? Nein. Eine blieb zurück. Marie.

Marie

»Warum willst du hierbleiben? Warum gehst du nicht mit den andern raus?« Simon war irritiert. Verlegen schaute er Marie an.

Sie zuckte mit den Schultern. »Ist es dir lieber, wenn ich gehe?«

»Nein ... nein, es ist nur ... du versäumst doch die Pause!«

Marie schaute ihm in die Augen.

»Ich versäume nichts«, sagte sie monoton.

»Ich möchte aber gerne wissen, warum du hierbleibst«, fragte Simon. Nach dem, was seine Freunde ihm gesteckt hatten, hatte er eine Vermutung, wollte es aber von ihr selbst hören.

»Ich will dir zeigen, dass ich auf deiner Seite stehe«, sagte sie selbstbewusst. »Ich glaube, es gibt nicht viele in der Klasse, die dir das so offen zeigen würden.«

»Was meinst du damit, dass du auf meiner Seite stehst?« Simon wurde rot.

»Ich bekomme doch jeden Tag mit, wie du von einigen hier in der Klasse, aber auch draußen auf dem Schulhof offen oder versteckt gemobbt wirst. Manchmal denke ich, dass das, was du mitbekommst, nur die Spitze vom Eisberg ist. Du glaubst gar nicht, wie eine ganze Reihe von

Schülern unserer Schule nicht nur speziell über dich, sondern ganz grundsätzlich antisemitische Sprüche loslassen. Das ist zum Kotzen! Ich habe mich auch aus einigen sozialen Netzwerken abgemeldet, weil ich das nicht mehr ertragen konnte. Die übelsten Dinge kursieren da. Einige Sätze hab ich mir aufgeschrieben, bevor ich meinen Account gelöscht hab. Wenn du willst, kann ich sie dir mal zeigen.«

Simon war jetzt noch verlegener. Damit hatte er nicht gerechnet. Dennoch gelang es ihm, Marie anzuschauen.

»Ich finde das sehr lieb von dir … dass du … dass du mir … dass du …« Sein Gestotter war ihm peinlich.

Marie lächelte ihn an. »Dass ich dir das erzähle? Oder dass ich bei dir in der Klasse geblieben bin? Oder was wolltest du mir sagen?«

»Ja, ich meine … es ist doch … mein Gott …« Warum kann ich denn meine Gedanken nicht in einem zusammenhängenden Satz ausdrücken? Er nahm einen neuen Anlauf.

»Du bist die Erste, die mir das so offen sagt. Außer meinen Freunden Max und Matthias natürlich. Aber du hast mir mehr entgegengebracht als nur ein paar Worte. Du bist hier bei mir in der Klasse geblieben. Du hättest rausgehen, mit den andern draußen Spaß haben können.«

Endlich war es raus. Simon atmete erleichtert auf.

»Ich bin kein Verbalmonster, das einfach nur mal ein paar schlaue Sprüche von sich gibt. Solche Typen kann ich nicht ausstehen. Reißen die Klappe bis in die Kniekehle auf, haben die tollsten Ideen, wie man alles besser machen könnte, und wenn es drauf ankommt, dann kneifen sie, haben keine Zeit oder irgendwelche anderen Ausreden. Ich bin jemand, der versucht, nach seinen Gedanken und Einstellungen auch zu handeln.«

Marie zog ihren Stuhl hinter dem Tisch vor und setzte sich Simon gegenüber.

Sie griff nach seinen Händen und hielt sie fest in ihren. »Deswegen bin ich hiergeblieben, um dir zu zeigen, auf welcher Seite ich stehe. So, jetzt weißt du es.« Seine Hände hielt sie immer noch fest.

Simon wurde ganz warm. In seinem Kopf drehte sich alles. Was passierte gerade mit ihm? Vor einer Stunde noch das Gespräch mit Schneiderjahn und jetzt das mit Marie. Er spürte das Chaos der Gefühle am ganzen Körper.

Marie sah ihn an. »Was ist mit dir?«

»Ich verlier allmählich den Überblick«, gestand er. »Seitdem ich hier an der Schule bin, gibt es so viele Probleme, weil ich Jude bin. Es sind nicht nur die Schüler, die mich mobben, auch Lehrer schauen einfach weg, wenn sie in den Pausen Aufsicht haben. Und der Schneiderjahn will das alles unter der Decke halten, keine große Sache draus machen. Mir hat er sogar neulich selber die Schuld an meinen Problemen gegeben, und meine Eltern bestehen jetzt drauf, dass ein Elternabend stattfindet, bei dem die Karten offen auf den Tisch gelegt werden. Und nun ...« Wieder kam er ins Stottern.

»Was nun?«, fragte Marie und lächelte ihn an.

Simon schaute verlegen zu Boden.

»Du kannst doch sicher andere Freunde haben, nicht Leute, deren Probleme schwer sind wie Blei.«

»Stimmt«, gab Marie zu. »Ich könnte andere Freunde haben, von einer Party zur nächsten rennen, mit Freundinnen durch Modeseiten scrollen oder mit ihnen durch Boutiquen ziehen, ja, all das könnte ich. Will ich aber nicht!«

»Was willst du dann?« Simon schaute ihr in die Augen. Sie leuchteten. So hatte er sie noch nie gesehen. Auch Marie schaute ihn an. Für kurze Zeit vergaßen sie alles um sich herum. Die Klasse, die Schule, alles trat in den Hintergrund, hatte keine Bedeutung. Es gab nur noch Marie und Simon. Simon und Marie. Sonst niemanden. Ihre Köpfe bewegten sich aufeinander zu, ihre Lippen trafen sich für unendlich lange Sekunden, bis das Klingelzeichen sie wieder in die Realität zurückholte.

»'tschuldigung«, stammelte Simon verlegen. Er schaute wieder nach unten, konnte ihr jetzt nicht mehr in die Augen sehen.

»Du musst dich nicht entschuldigen, ich hab es ja schließlich gewollt und du bestimmt auch. Es war schön. Und nur das zählt.«

Sie griff erneut nach seinen Händen und drückte sie fest an sich.

»Ja, es war schön«, gestand er, »sehr schön sogar.«

»Ich würde dich gerne noch näher kennenlernen«, flüsterte Marie ihm ins Ohr, bevor die Klassentür aufging und die ersten Schüler hereinstürzten.

Simon schaute hinter ihr her, wie sie zu ihrem Platz

ging. Ja, ich möchte dich auch gerne näher kennenlernen, dachte er.

Den Rest des Vormittags waren seine Gedanken mehr bei Marie als beim Unterricht.

Elternabend

Gut gelaunt kam Simon an diesem Tag aus der Schule nach Hause. Mit einem Lächeln begrüßte er seine Mutter. Seine Schwester Charly nahm er in den Arm, drückte sie, gab ihr einen Kuss auf die Stirn und verschwand danach im Bad. Lange betrachtete er sich im Spiegel, strich sich mit beiden Händen durch die Haare, damit sie etwas lockerer fielen. Es war ein anderer Simon, der ihn da ansah. Wenn er in den letzten Monaten mal in den Spiegel geschaut hatte, war da meist ein vergrämtes Gesicht gewesen. Heute strahlte es.

»Wie war's heute in der Schule?«, fragte seine Mutter, als sie später am Mittagstisch saßen. »Hat jemand etwas zu meiner E-Mail gesagt?«

»Ach ja«, antwortete Simon, »das hatte ich fast schon vergessen. Schneiderjahn hat mich zu sich bestellt. Über den Lautsprecher in der Klasse. Alle dachten natürlich, jetzt gibt es Ärger. War aber nicht so. Schneiderjahn war zwergenklein hinter seinem Schreibtisch. Hat rumgesäuselt, er sei ja eigentlich für den Elternabend nicht zuständig, sondern der Klassenlehrer und der Elternsprecher. Und er wolle da auch keine große Sache draus machen, sondern mit denen reden, die mich mobben, und fertig. Als ich ihm widersprochen hab, hat er doch noch eingelenkt. Er wird jetzt einen Elternabend einberufen.«

»Etwas anderes bleibt ihm auch nicht übrig. Sonst hätte ich ihm noch mal Druck gemacht.« Seine Mutter war sehr zufrieden mit dem, was Simon ihr berichtete.

»Musstest du heute trotzdem noch mal die Pause im Klassenraum verbringen?«

»Ja«, lautete Simons knappe Antwort.

»Wieder allein?«, hakte sie nach.

»Nein!« Ein Grinsen konnte er sich nicht verkneifen.

»Wer ist denn bei dir geblieben?«

»Marie«, antwortete er etwas verlegen. Mehr wollte er dazu nicht sagen.

Gut gelaunt zog er sich an diesem frühen Nachmittag in sein Zimmer zurück. Seine Mutter schaute ihm mit offenem Mund hinterher, wie er, zwei Stufen auf einmal nehmend, die Treppe hochlief. So hatte sie ihren Sohn schon lange nicht mehr erlebt.

Eigentlich wollte er Hausaufgaben machen, kam aber nicht dazu, weil er ständig Marie im Kopf hatte.

Dass der Elternabend schon sehr bald stattfinden sollte, wunderte die Familie Weiß. Hatte Direktor Schneiderjahn nun doch ein Einsehen oder wollte er ihn einfach schnell hinter sich bringen? Das konnte Frau Weiß nicht herausfinden, obwohl er gleich zwei Mal mit ihr telefonierte. Beim ersten Gespräch ging es um die Terminabsprache. Er schlug den Freitagabend der nächsten Woche vor, da habe er Zeit.

»Wir feiern an diesem Tag immer Schabbat«, gab Frau Weiß zu bedenken, der Donnerstag sei günstiger.

Schneiderjahn blätterte in seinem Kalender, nuschelte Unverständliches in den Hörer und stimmte am Ende zu.

Zwei Tage später teilte er ihr mit, die Einladungen seien verteilt worden, leider könnten nicht alle Lehrerinnen und Lehrer, die in der Klasse unterrichteten, an der Versammlung teilnehmen. Frau Weiß verstand das nicht. War er nicht in der Lage, Termine so festzulegen, dass möglichst sämtliche Eingeladenen teilnehmen konnten?

Herr und Frau Weiß waren die ersten Eltern, die den Klassenraum betraten. Der Hausmeister hatte sie hingeführt und den Raum aufgeschlossen. Die Lehrkräfte, die da seien, würden auch bald kommen, sie seien noch in einer Vorbesprechung im Lehrerzimmer.

Langsam trafen auch andere Eltern ein. Überwiegend waren es Mütter, die den Termin wahrnahmen. Viele kannten sich und umarmten sich zur Begrüßung. Da Simon noch nicht lange in der Klasse war, hatten Herr und Frau Weiß keine so intensiven Kontakte. Sie gingen auf die Eltern zu, begrüßten sie mit Handschlag und stellten sich vor.

Eine Frau kam auf *sie* zu und begrüßte sie herzlich. »Wir kennen uns noch nicht«, sagte sie. »Mein Name ist Weber, Susanne Weber. Ich bin die Mutter von Marie.«

»Schön, Sie kennenzulernen«, freute sich Frau Weiß. »Simon hat schon von Marie erzählt.«

»Ja, Marie ist ganz verändert, seit sie mit Simon befreundet ist. Sie freut sich jetzt jeden Tag auf die Schule, weil sie dort Ihren Sohn trifft. Die beiden mögen sich.«

»Ach«, sagte Frau Weiß nachdenklich, »davon hat Simon noch nichts erzählt. Dass er jetzt lieber zur Schule geht, haben wir allerdings auch registriert. Aber dass Marie der Grund ist, das hat er uns verschwiegen.«

Herr Weiß schaute sich in der Klasse um, nickte einigen Eltern freundlich zu. Viele waren es nicht, vielleicht die Hälfte. Er hatte auf ein größeres Interesse gehofft. Und wie er es vorhergesehen hatte, waren die Eltern von Sven, Murat und Achmed nicht dabei.

»Ich kann verstehen, dass die Eltern der betroffenen Schüler nicht kommen«, flüsterte er seiner Frau zu. »Wenn ich wüsste, dass ich wahrscheinlich von allen Seiten angegriffen werde, würde ich mir auch dreimal überlegen, ob ich mich dem aussetze.«

»Egal«, meinte Frau Weiß, »schauen wir mal, was die anderen Eltern denken. Unterstützung werden wir brauchen.«

Schließlich betrat Herr Schneiderjahn, gefolgt von zwei Kollegen und einer Kollegin, die Klasse, grüßte freundlich in die Runde, und die Lehrkräfte nahmen vorne Platz, der Direktor hinter dem Pult.

»Liebe Eltern«, begann er, »ich freue mich, dass Sie heute Abend doch so zahlreich erschienen sind, obwohl der Termin sehr kurzfristig anberaumt wurde.«

Kann der nicht zählen?, ging es Herrn Weiß durch den Kopf.

»Wir haben heute Abend ein Thema zu besprechen, das

uns in letzter Zeit beschäftigt hat. Es gab, so muss man es leider sagen, einige Anfeindungen, insbesondere gegen einen Schüler, die wir so nicht stehen lassen konnten und auch in Zukunft nicht können. Wir müssen Maßnahmen ergreifen, um solche Vorkommnisse in Zukunft zu unterbinden. Der heutige Elternabend soll dazu dienen, Sie darüber zu informieren und mit Ihnen gemeinsam die nächsten Schritte, die auch im Schulgesetz vorgesehen sind, zu besprechen.«

»Herr Direktor Schneiderjahn, darf ich fragen, um welche Form von Anfeindungen es sich handelt?« Herr Baumann, leitender Angestellter in einer Bank, blickte sich sorgenvoll um. »Wir müssen unsere Kinder hier sicher wissen, sie sollen an diesem Ort etwas lernen, dafür ist die Schule schließlich da!«

»Ganz richtig, Herr Baumann«, ergriff Schneiderjahn wieder das Wort. »Ich würde die Unruhestifter ja gerne nach den uns gegebenen Vorschriften behandeln, das ist aber nicht so einfach.«

»Können Sie bitte mal konkret werden, Herr Schneiderjahn? Um was für Anfeindungen handelt es sich? Sind es einfach Beschimpfungen, wie sie unter Schülern in diesem Alter mal vorkommen, oder handelt es sich um schwerwiegendere Dinge?«, wollte Frau Ehret wissen. Ihre Tochter hatte nur abgewunken, als sie sie auf den Elternabend ansprach. »Die Zeit kannst du sinnvoller verbringen«, war ihr Kommentar gewesen.

»Ja, wie soll ich es sagen?«, eierte Herr Schneiderjahn rum.

»Sagen sie es doch, wie es ist! Es gibt ein Problem mit Antisemitismus, sicher hier in der Klasse, wahrscheinlich aber auch in der ganzen Schule!« Herr Weiß brachte es endlich auf den Punkt.

»Ich muss doch sehr bitten«, ereiferte sich Herr Schneiderjahn. »Ja, Ihr Sohn ist beleidigt worden, da kann ich Sie als Eltern gut verstehen, aber deshalb haben wir noch lange kein Problem mit Antisemitismus, weder in der Klasse noch in der Schule, wie Sie es hier unterstellen. Dagegen muss ich mich eindeutig verwahren und unsere Schule in Schutz nehmen.«

»Wie würden Sie es dann bezeichnen?«, wollte Frau Weiß wissen.

»Ja, Ihr Sohn ist beleidigt worden, das sagte ich ja schon. Er wurde als Jude bezeichnet. Aber das schon antisemitisch zu nennen, das halte ich für eine Übertreibung. Manchmal plappern die Schüler unbedacht etwas dahin, ohne dass sie es wirklich böse meinen. Wäre Simon gleich zu mir gekommen, hätte ich die Übeltäter sofort einbestellt und die entsprechenden Maßnahmen verhängt …«

»… so wie Sie Maßnahmen gegen unseren Sohn verhängt und ihn in den Pausen hier eingesperrt haben!« Herr Weiß war wütend. Seine Frau legte ihre Hand auf seinen Arm, damit er sich beruhigte.

Die anwesenden Eltern schauten zwischen Herrn Schneiderjahn und dem Ehepaar Weiß hin und her. Offenbar hatten sie keine Ahnung, was vorgefallen war.

»Es war doch eine reine Vorsichtsmaßnahme, ich wollte ihn einfach vor möglichen Angriffen auf dem Schulhof schützen!«, rechtfertigte sich der Direktor. »Doch anstatt zu mir zu kommen, um sich mir anzuvertrauen, macht er eine ganze Woche blau. Das kann ich nicht gutheißen, liebe Frau Weiß, lieber Herr Weiß!«

»Um was geht es hier eigentlich? Ist das etwas, Herr Schneiderjahn, dass Sie auch allein mit der Familie Weiß klären könnten? Ich sehe bis jetzt keinen Grund, warum man uns alle heute Abend herbestellt hat!« Frau Müller war sichtlich verärgert. Sie hatte bereits mehrmals auf ihre Uhr geschaut, als hätte sie wenig Zeit.

»Einige Fragen kann man sicher unter vier Augen besser klären als in dieser großen Runde«, ergriff nun Herr Stemmler, der Klassenlehrer, das Wort. »Die Kinder sind in einem schwierigen Alter, wollen sich ausprobieren, Grenzen abtasten, da müssen wir sie mit unseren Mitteln in die Schranken weisen. Solche Schritte hat Direktor Schneiderjahn auch schon unternommen. Es gibt aber unterrichtliche Themen, da prallen Welten aufeinander. In zwei Geschichtsstunden pro Woche, um es mal konkret zu machen, lässt sich das nicht aufarbeiten. Die Konflikte, die entstanden sind, werden in die folgenden Unterrichtsstunden mitgenommen und dort weiter ausgetragen. Ein geordnetes Lernen ist dann meist nicht mehr möglich.«

»Kann man das so zusammenfassen: Seitdem es einen jüdischen Schüler in der Klasse gibt, tauchen Probleme auf, die es vorher nicht gab? Kann man ihn denn nicht in eine Parallelklasse setzen?« Herr Schnabel provozierte mit seinem Redebeitrag einen regelrechten Wutanfall bei Herrn Weiß.

»Was soll das denn? Wissen Sie überhaupt, worum es hier geht? Ja, mein Sohn ist Jude, meine Frau und ich übrigens auch. Das ist aber nicht das Problem! In dieser Klasse gibt es mindestens einen Schüler, den ich als Neonazi bezeichnen würde. Leider sind seine Eltern heute Abend nicht hier. Dieser Schüler leugnet nicht nur den Holocaust, er möchte unseren Sohn am liebsten in eine Gaskammer schicken. Fast täglich lauert er ihm mit ein paar anderen auf, beleidigt ihn, spuckt vor ihm aus und das ist noch längst nicht alles. Ich habe das Handy von meinem Sohn heute Abend mitgebracht. Wer die Anfeindungen, die er fast täglich per WhatsApp bekommt, lesen möchte, dem stelle ich es gern zur Verfügung!«

Betretenes Schweigen machte sich in der Klasse breit, selbst Schneiderjahn blickte erstaunt zu Herrn Weiß.

»Warum haben Sie denn nicht schon früher etwas davon gesagt?«, fragte er kleinlaut.

»Sie haben doch immer bestritten, dass es ein Problem mit Antisemitismus an der Schule gibt.«

»Ach, ich will das Thema nicht zu hoch hängen. Wenn ich davon gewusst hätte, dann hätte ich mir die Burschen geschnappt und für diesen Unsinn bestraft!«

»Und Sie meinen ernsthaft, Herr Schneiderjahn, wenn Sie die Schuldigen bestrafen, ist das Problem gelöst?« Frau Weiß konnte es nicht fassen.

»Darf ich Ihnen mal etwas sagen? Vergessen Sie Ihre ganzen Schulordnungen und Maßnahmenkataloge und denken Sie mal auf einer anderen Ebene darüber nach. Wem ist denn geholfen, wenn die Schüler, die sich negativ verhalten haben, bestraft werden? Glauben Sie nicht, dass sie dann erst recht zornig und aggressiv werden und sich in ihrer Einstellung bestätigt fühlen?«

»Da muss ich Frau Weiß zustimmen«, meldete sich nun Frau Weber zu Wort. »Die Schule ist ein Ort, an dem etwas gelernt werden soll. Ich denke, darin sind wir uns alle einig.«

Zustimmendes Nicken kam nicht nur von den Eltern, sondern auch von Schneiderjahn und den Kollegen.

»Es kommt aber nicht auf die Quantität des Wissens an, mit dem die Schüler gefüttert werden, sondern auf die Qualität von Gelerntem. Es könnte eine große Erleichterung in der Klasse, aber auch außerhalb sein, wenn dieser eine Schüler durch einzelne biografische Beispiele lernt und begreift, dass es den Holocaust tatsächlich gegeben hat. Und wäre es nicht ein großer Fortschritt, wenn die beiden Schüler mit muslimischem Hintergrund Simon Weiß nicht für eine möglicherweise verfehlte Politik Israels verantwortlich machten? Familie Weiß hat die deutsche Staatsbürgerschaft und keinerlei Einfluss auf die israelische Politik. Ohne es von ihnen zu wissen, bin ich doch überzeugt, dass sie genauso um die Toten im Gaza-Streifen trauern wie diese beiden Schüler mit ihren Eltern.«

»Vielen Dank für Ihre Ausführungen, Frau Weber, Sie müssen jedoch bedenken, wir sind eine große Schule und müssen ganz unterschiedlichen Interessen nachkommen. Aber ich stimme Ihnen zu und wir haben das ja auch in unserem Schulprogramm. In jedem Jahr am 9. November kommt ein Abgeordneter des Landtags in die zehnten Jahrgangsstufen und stellt am Beispiel der Pogromnacht dar, wie jüdische Menschen damals verfolgt wurden. Und er schlägt auch jedes Mal eine Brücke zur Gegenwart, indem er auf gefährliche rechtsextreme Tendenzen in unserer Gesellschaft aufmerksam macht.«

»Das genügt nicht!«, mischte sich jetzt Herr Gerber zum ersten Mal ein. »Zwei Stunden im Schuljahr, in denen mal etwas Besonderes passiert. Ich habe mit meiner Tochter darüber gesprochen. Sie war beeindruckt von dem, was sie dort gehört hatte. Fragen über Fragen hat sie mir gestellt, weil es hier in der Schule offenbar nicht mehr genügend thematisiert wurde. Ein Grund lag sicher auch darin, dass man kontroverse Auseinandersetzungen scheut. Das ist zumindest die Vermutung meiner Tochter. Gerade nach diesem Vortrag des Abgeordneten hätte sie sich ein Gespräch gewünscht, zusammen mit den Schülern in der Klasse. Aber, so meinte sie, es gebe keine vernünftige Gesprächskultur. Der ganze Unterricht sei darauf ausgerichtet, bloß Wissen zu vermitteln. Und, das sage ich jetzt als Vater, ein Wissen, das bis zur nächsten Klassenarbeit anhält und danach schnell wieder in den Hintergrund tritt und sich verliert, weil es nicht nachhaltig diskutiert wird.«

»Das sind ja alles ganz nette Anregungen, die Sie uns geben«, meldete sich die Deutschlehrerin, Frau Röhm, zu Wort. »Sie müssen aber bedenken, dass wir an einen Lehrplan gebunden sind. Wenn irgendwelche Prüfungen stattfinden und das entsprechende Wissen nicht vorhanden ist, können wir uns nicht darauf zurückziehen, wir hätten in dieser Zeit das Thema XY diskutiert.«

»Sie sollten noch viel mehr Themen diskutieren! Damit zeigen Sie den Schülerinnen und Schülern, dass Sie sie ernst nehmen. Den Stoff, den Sie vermitteln wollen, lernen sie dann viel leichter und lieber«, hielt Herr Gerber dagegen.

»Das ist doch alles blanke Theorie! Durch nichts belegt! Wir stehen hier vor den Klassen, und wenn ein Schüler dann mal eine Klasse wiederholen muss, sind es die Eltern, die uns die Schuld geben!« Frau Röhm bekam ganz rote Flecke am Hals und im Gesicht.

»Wir können hier noch stundenlang weiterdiskutieren, mal mehr oder weniger ausschweifend«, mischte sich Herr Schneiderjahn wieder ein. »Wir müssen aber zu einem Ergebnis kommen. Morgen früh um acht Uhr haben wir die Schüler wieder alle hier versammelt, und dann müssen wir wissen, wie wir uns verhalten. Ich werde mir auf jeden Fall die drei Jungs aus der Klasse vornehmen und mit ihnen reden. Und wenn ich ›reden‹ sage, dann meine ich nicht bestrafen.«

»Sie können ihnen doch ruhig Strafen androhen, sollten sie noch mal auffallen«, meinte Herr Baumann. »Sie sollen ruhig merken, wer hier das Sagen hat.«

»Überlassen Sie das mal mir, Herr Baumann. Ich weiß, Sie meinen es gut. Was denken denn die anderen Eltern darüber?«, fragte Schneiderjahn in die Runde.

Frau Weber meldete sich zu Wort. »Ich denke, das Problem ist uns deutlich geworden. Allein mit Ordnungsrufen können wir es nicht lösen …«

»… mit Viel-Reden aber auch nicht!«, wurde sie von Herrn Baumann unterbrochen.

»Ich will auch nicht viel reden, ich denke, man braucht Unterrichtsinhalte, die über abfragbares Wissen hinausgehen. Ein Vorschlag wäre, mit den Klassen eine Gedenkstätte zu besuchen. Nicht nur mal kurz vorbeifahren, einmal durchlaufen und dann weiter in ein Museum. Nein, Schüler brauchen Zeit, um zu begreifen, was in den KZs geschehen ist.«

»Wo sollen wir die Zeit denn noch hernehmen?«, brauste Herr Stemmler auf.

»Haben Sie sich diese Frage auch schon mal gestellt, wenn Sie eine Skifreizeit planten?« Frau Weber ließ sich von dem Einwand nicht beeindrucken. »Es gäbe auch noch die Möglichkeit, Zeitzeugen an die Schule einzuladen. Noch gibt es sie, es ist nur die Frage, wie lange noch, denn diese Menschen sind alt geworden. Aber es gibt noch welche, die gerne an Schulen gehen. Sie haben etwas zu erzählen, etwas, was in keinen Lehrbüchern steht. Deswegen wäre es so wichtig, sie einzuladen und ihnen zuzuhören!«

»Meine Eltern waren beide in Auschwitz«, meldete sich Herr Weiß, »sie haben meiner Frau und mir ihre Geschichten anvertraut, damit sie nicht vergessen werden und wir sie weitererzählen können. Ich würde mir gern mal einen Tag freinehmen und in die Klasse kommen.«

Erstaunte, aber auch mitleidvolle Blicke der Eltern richteten sich auf Herrn Weiß. Nur Herr Baumann schaute skeptisch und schüttelte den Kopf.

»Vielen Dank, Herr Weiß«, nickte Schneiderjahn ihm zu. »Halten Sie das denn für praktikabel? Ich meine, weil Ihr Sohn ja in der Klasse ist.«

»Da habe ich auch schon drüber nachgedacht. Ich glaube, das ist kein Problem. Unser Sohn kennt die Geschichte seiner Großeltern übrigens auch. Deshalb ist es für ihn ja so unerträglich, wenn er als Jude beschimpft wird.«

»Muss das denn alles so breitgetreten werden?«, echauffierte sich Herr Baumann.

»Haben Sie ein Problem damit?«, wollte Herr Weiß von ihm wissen.

»Nein, aber es gibt doch wahrlich wichtigere Themen, als immer wieder diese sicher furchtbare Vergangenheit hervorzuholen.«

»Nein, gerade diese Vergangenheit, und damit meine ich den Nationalsozialismus, muss thematisiert werden. Nicht nur in der Form, dass Schüler hinterher wissen, wann Hitler an die Macht kam, wann der Zweite Weltkrieg ausgebrochen ist und wie viele Tote es gab. Sie müssen erfahren, wie die Menschen, die unter dieser Diktatur leiden mussten, gelebt und überlebt haben. Nur so können wir eine vernünftige Zukunft aufbauen.«

»Vielen Dank, Herr Gerber«, pflichtete Herr Weiß ihm bei.

Herr Baumann schaute auf seine Uhr. »Ich muss leider«, entschuldigte er sich und verließ die Klasse, nachdem er Herrn Schneiderjahn zum Abschied die Hand geschüttelt hatte.

»Ja, wir sollten jetzt auch bald zu einem Ende kommen«, meinte der Direktor. »Auf jeden Fall wissen Sie jetzt alle um die Problematik. Wir werden unser Möglichstes tun, alles in den Griff zu bekommen. Sicher werden wir auch weiter darüber im Gespräch bleiben.«

»War dieses Thema auch schon Gegenstand in einer Lehrerkonferenz? Es wäre ja interessant, mal zu hören, wie die einzelnen Kolleginnen und Kollegen darüber denken.« Frau Weber wollte das Ende des Elternabends nicht Herrn Schneiderjahn überlassen.

»Nein, das war bislang noch kein Thema. Wir waren ja auch noch nicht mit dieser Problematik konfrontiert!«

»Das Problem gab es aber auch schon zu einer Zeit, als Simon Weiß noch nicht an der Schule war. Antisemitismus ist eine Einstellung, die sich auch außerhalb der Schule äußern kann. Deswegen ist es wichtig, sich ausführlich damit auseinanderzusetzen.«

»Ich werde es bei Gelegenheit aufgreifen«, versuchte Herr Schneiderjahn Frau Weber zu besänftigen.

»Es wäre ein Gütezeichen für Ihre Schule, wenn Sie das Thema ernsthaft angehen.« Frau Weber bezweifelte allerdings, ob Schneiderjahn auf ein solches Gütezeichen größeren Wert legte.

Schneiderjahn wie auch seine Kollegen erhoben sich demonstrativ, um zu zeigen, dass der Elternabend zu Ende war. Einige wenige Eltern verließen bald die Klasse, andere kamen zu Herrn und Frau Weiß. Sie hätten davon bislang gar nichts mitbekommen, versicherten sie, und die Familie könne auf ihre Unterstützung rechnen.

Auch Frau Weber verabschiedete sich. »Unsere Kinder werden uns sicher Löcher in den Bauch fragen, wie es gelaufen ist. Und wir werden über sie erfahren, ob sich etwas ändert. Ich habe mich sehr gefreut, Sie beide kennenzulernen.«

Halbwegs zufrieden verließen auch Herr und Frau Weiß die Schule.

Simon lag noch wach, als die Eltern nach Hause kamen. Er hatte keine Lust, noch mal aufzustehen, um sich die Ergebnisse des Elternabends anzuhören. Lieber chattete er noch mit Marie. Für den nächsten Nachmittag hatten sie sich schon verabredet. Mit dem Gefühl der Vorfreude schlief er schließlich ein.

Treffen

Der erste Schultag nach dem Elternabend verlief fast störungsfrei. Nur ein paar Jugendliche, die sich vor dem Schulhof um Sven herum gruppiert hatten, machten abfällige Bemerkungen, als sie Simon sahen, wurden aber von Sven schnell gestoppt. Doch auch er warf Simon einen wütenden Blick zu, als er an ihm vorbeiging.

Kurz nach Beginn der ersten Stunde wurde Simon zu Direktor Schneiderjahn gerufen. Dieses Mal allerdings nicht über den Lautsprecher, Frau Korn hatte sich persönlich in die Klasse bemüht, um ihn zum Direktor zu bringen.

»Guten Morgen«, begrüßte er Simon ganz freundlich. »Haben deine Eltern dir schon vom Erfolg des Elternabends erzählt? Ich habe entschieden, die verhängte Maßnahme gegen dich aufzuheben. Du kannst die Pausen ab sofort wieder draußen mit deinen Freunden verbringen. Was sagst du dazu?«

Sollte das alles sein, was Schneiderjahn als Konsequenz aus dem Elternabend zog? Oder hatte er vor, das Thema doch noch grundsätzlich anzugehen? Im Moment machte Schneiderjahn aber keine weiteren Andeutungen, sondern schaute nur auf seine Uhr, um Simon zu zeigen, dass er noch andere Verpflichtungen hatte.

»Okay, verstehe«, antwortete Simon knapp.

Auf dem Weg zurück zur Klasse bedauerte er, dass er jetzt in den Pausen wieder rausmusste. Die Zeiten, die er mit Marie allein verbringen konnte, waren damit vorbei. Schade, dachte er.

Doch es waren zum Glück nicht nur die Pausen, die die beiden miteinander verbrachten. Sooft es ging, trafen sie sich nachmittags in der Stadt, und an den Wochenenden machten sie, wenn das Wetter gut war, lange Spaziergänge am Main entlang. Sie genossen diese Zeiten, in denen sie ihre Gedanken austauschten, Ideen für eine bessere Zukunft entwickelten, aber auch Pläne schmiedeten, wie sie ihre Vorstellungen umsetzen könnten.

»Ich denke oft darüber nach, ob es für mich ein Leben in Deutschland geben kann«, gestand er ihr eines Nachmittags, als sie wieder einmal am Mainufer unterwegs waren.

»Wie kommst du auf den Gedanken?«, wollte Marie wissen. Solche Überlegungen waren ihr völlig fremd.

»Du kennst das Gefühl nicht, ständig auf der Hut sein zu müssen. Ich kann mich in der Öffentlichkeit einfach nicht so zeigen, wie ich gern wäre«, versuchte Simon ihr zu erklären.

»Wie wärst du denn gern?«

»Das sind keine großen Dinge. Wenn ich zum Fußballtraining geh, muss ich jedes Mal drauf achten, dass ich über mein Shirt vom Makkabi-Club eine Jacke ziehe. Wenn mich jemand im Bus oder in der Straßenbahn mit dem Shirt sieht, werde ich immer wieder als »Jude« beschimpft. Das ist nur so ein Beispiel. Von meinen Eltern hab ich zu meiner Bar Mizwa eine Kette mit einem Davidstern bekommen. Das ist für mich ein ganz wichtiges Symbol. Sobald ich das Haus verlasse, steck ich sie sofort unter mein T-Shirt, damit niemand die Kette sieht. Verstehst du? Ein Katholik kann sich offen mit einem Kreuz an einer Kette zu seiner Religion bekennen, ohne dass er dafür angefeindet wird. Ich nicht.«

Marie nickte. So hatte sie das noch nicht gesehen.

»Hast du schon eine Vorstellung, wo du mal leben möchtest?«, fragte sie und schaute ihm ängstlich in die Augen. Hatte er vor, das Land schon bald zu verlassen? Jetzt, nachdem sie sich gerade angefreundet hatten?

»Erst mal werde ich natürlich hier noch die Schule zu Ende machen«, erklärte er. »Im Grunde leb ich ja gern in der Stadt, Frankfurt ist meine Heimat. Aber manchmal komm ich mir in dieser Heimat fremd vor, ausgegrenzt, so, als gehörte ich nicht dazu. Obwohl ich weiß, aus welchen Richtungen all diese Anfeindungen kommen, macht es mir etwas aus.«

Marie war beruhigt, nickte und nahm ihn in den Arm.

»Ich versteh das«, gestand sie ihm, »manchmal mach ich auch so blöde Erfahrungen.«

»Welche denn?«, wollte Simon wissen.

»Eine meiner Freundinnen hat mir kürzlich gesteckt, dass mich, seitdem wir beide zusammen sind, Leute hinter meinem Rücken als ›Judenhure‹ bezeichnen. Keine Ahnung, aus welcher Ecke das kommt. Aber weißt du was?«

Simon schaute sie erwartungsvoll an.

»Es stört mich nicht! Du bist mein Freund, und ich mag dich, sehr sogar, und zwar deswegen, weil du bist, wie du bist.« Ihre Wangen bekamen einen leichten Rotton, so offen wie jetzt hatte sie ihm gegenüber ihre Gefühle noch nicht ausgesprochen.

Simon küsste sie. Eng umschlungen gingen sie weiter.

Simon und Marie, Marie und Simon.

Wann immer sie Zeit hatten, trafen sie sich. Auch wenn das Mainufer ihr Lieblingsort war, gingen sie doch auch öfter zusammen ins Kino, besuchten eine Ausstellung, die sie interessierte, oder trafen sich mit Freunden in einer Eisdiele oder in einem Café.

Seit ich mit Marie zusammen bin, fühl ich mich richtig gut, ging es Simon oft durch den Kopf. Vielleicht habe ich einen Menschen wie sie gebraucht, um einen anderen Blick auf mein Leben zu bekommen. Es ist gut, sie an meiner Seite zu wissen, mit ihr kann ich über alles reden.

An einem sonnigen Nachmittag Anfang Mai trafen sie Max in der Stadt, der gerade aus einer Buchhandlung kam. Vor der nächsten Eisdiele fanden sie draußen einen freien Tisch, gaben ihre Bestellung auf und genossen die Sonne. Noch ehe das Eis serviert wurde, hörten sie in einiger Entfernung laute Rufe. Es war eine Demonstration, die durch die Straße zog. Menschen, vermutlich aus verschiedenen arabischen Ländern, hatten sich versammelt und demonstrierten gegen die Politik Israels. Sie skandierten »from the river to the sea« – vom Jordan bis zum Mittelmeer, das alles sei palästinensisches Gebiet, Israel müsse vernichtet werden.

Die Demonstrierenden kamen näher, ihre Rufe wurden lauter und deutlicher.

Simon wurde blass. Er kannte die Sprüche, hatte sie immer wieder in den Fernsehnachrichten und bei etlichen Fußballspielen seines Vereins gehört. Doch jetzt drohten die Demonstranten als riesiger Pulk an ihm vorbeizukommen. Angst kroch in ihm hoch. Er schaute an sich runter, prüfte, ob die Kette mit dem Davidstern wirklich unter seinem Shirt verborgen und auf dem Shirt selber kein Logo seines Fußballclubs zu sehen war.

Marie bemerkte seine Unsicherheit und fragte ihn, was los sei.

»Es ist für mich einfach ein beschissenes Gefühl. Juden, egal wo sie leben, und Israel sind für diese Demonstranten dasselbe. Juden sind dafür verantwortlich, wenn die israelische Armee im Gazastreifen Häuser bombardiert und dabei Menschen umkommen.«

»Ja gut, aber was hat das mit dir zu tun?«, schaltete sich Max ein. »Du lebst schließlich hier in Deutschland!«

»Klar lebe ich in Deutschland, dieses Land ist meine Heimat. Aber für die da habe ich einfach die falsche Religion. In deren Augen tragen alle Juden Schuld, dass Gebiete ihrer Heimat von Israel bombardiert werden. Alle Juden sind für sie ein Teil Israels.«

»Aber darf man die israelische Politik denn nicht kritisieren?« Max war erstaunt.

»Klar darf man das, muss man sogar! Ich kritisiere sie auch! Es ist falsch, was dort geschieht!«

»Und wo ist das Problem?« Max verstand es immer noch nicht.

»Es ist nicht *meine* Regierung, die in Israel an der Macht

ist. Sie wurde nicht von Juden gewählt, die hier in Deutschland leben. *Wir* werden aber verantwortlich gemacht! Israel ist ein Terrorstaat, der kein Existenzrecht hat. Juden wollen die Weltherrschaft und alle anderen Völker unterdrücken! Das ist ihre Überzeugung. Mit dieser Grundhaltung organisieren sie hier Demonstrationen, machen gegen Israel mobil, und weil wir in ihren Augen dazugehören, auch gegen uns.«

»Das kann ich mir beim besten Willen nicht vorstellen. Wenn diese Demonstranten solche Ziele hätten, wär' die Demonstration doch nie genehmigt worden.« Max schüttelte den Kopf.

»Ich mach dir einen Vorschlag.« Simon schaute seinen Freund nachdenklich an.

»Und?«

»Nein, war ein dummer Gedanke von mir. Ich hatte kurz die Idee, du könntest dich in diesen Zug mischen und einfach mal ein paar von den Leuten fragen, warum sie mitlaufen.«

»Genau das mach ich jetzt«, sagte Max, stand auf und mischte sich unter die Demonstrierenden.

»Komm zurück!«, rief Simon ihm noch hinterher, doch es war zu spät, sein Freund konnte ihn nicht mehr hören.

»Meinst du, ihm kann was passieren?«, fragte Marie besorgt.

»Wenn er nur Fragen stellt, eher nicht. Er sollte sich bloß nicht auf Diskussionen einlassen, dann könnte es heikel werden.« Simon und Marie schauten zu den Menschen, die Fahnen schwingend an ihnen vorbeizogen, und Simon deutete mit dem Kopf auf die gegenüberliegende Straßenseite, wo gerade eine israelische Flagge verbrannt wurde.

»Das ist für sie eine symbolische Handlung.« Er hatte sich nah zu Marie hin gebeugt und ihr ins Ohr geflüstert. »Damit wollen sie zeigen, dass Israel vernichtet werden muss.«

Marie verstand. Wie gerne wäre sie jetzt einfach aufgestanden und gegangen. Dieser Hass, der in den Rufen steckte, war für sie kaum zu ertragen. Sie wollte aber Simon nicht allein zurücklassen, außerdem hoffte sie, dass Max bald wiederkam.

Lange mussten sie nicht mehr auf ihn warten. Er war ganz blass, das konnten Simon und Marie schon aus der Entfernung erkennen.

»Hey Alter, die haben doch ein Rad ab! Die spinnen doch! Und so was wird hier erlaubt? Wo sind wir denn?« Wütend schob er seinen Eisbecher in die Mitte des Tischs. Die flüssig gewordene Eismasse schwappte über den Rand. Ihm war jetzt nicht mehr nach Eis zumute. Er wollte nur noch weg.

»Leute, diesen Wahnsinn muss ich erst mal verkraften«, meinte er und verabschiedete sich.

»Sollen wir auch gehen?«, fragte Simon Marie. Auch er hatte keine Lust mehr, sitzen zu bleiben.

Nachdem sie bezahlt hatten, machten sie sich auf den Weg.

»Hast du Lust auf einen kleinen Spaziergang am Main?«, fragte Marie. »Nach allem, was ich gerade erlebt hab, brauch ich ein bisschen Ruhe und Abstand.«

»Warum nicht? Mir geht's genauso.«

Schweigend liefen sie durch die Straßen, bis sie endlich den Fluss erreichten. Die Ruhe tat gut.

Sie waren schon ein ganzes Stück auf ihrem bekannten Weg gelaufen, als Simon plötzlich stehen blieb.

»Hältst du das mit mir überhaupt noch aus? Ein Problem jagt bei mir das nächste und irgendwie bekommst du das immer mit. Das muss doch belastend für dich sein.«

»Stimmt«, gab Marie zu. »Ich könnte mir aber im Augenblick keinen Freund vorstellen, der bloß von einer Party zur nächsten rennt, um Spaß zu haben. Der alles andere ausblendet, was um ihn herum passiert.«

»Marie, bitte versprich mir eines«, bat Simon seine Freundin. »Wenn dir das alles zu viel wird, dann sag es mir. Ich könnte verstehen, wenn du dich von mir abwendest.«

Marie sah ihn lange an. »Wie geschwollen du redest, so kenn ich dich gar nicht. Warum sollte ich mich von dir abwenden? Du bist der erste Freund, mit dem ich so lange zusammen bin. Die Zeit mit dir ist schön und ich möchte sie auch noch lange genießen. Sollte es einmal dazu kommen, dass ich mich von dir trennen möchte, dann ganz sicher nicht wegen deiner Religion. Da müssen schon andere Dinge passieren.«

Eingeschlossen

Simon freute sich jede Woche auf seine Trainingsstunden. Fußballspielen war zu seiner großen Leidenschaft geworden. Der Verein hatte einen guten Trainer. Bei ihm konnte er einfach nur Simon Weiß, der Fußballspieler, sein. Auch wenn die Trainingseinheiten anstrengend waren und er bis an seine Grenzen ging, fühlte er sich hinterher wie neu geboren. Sein Kopf war wieder frei, und er hatte nicht das Gefühl, »nur« der Jude zu sein. Hier waren alle gleich.

Manchmal traf er sich hinterher mit Marie. Das waren die besten Zeiten, die sie miteinander verbrachten. Unbeschwert konnten sie miteinander reden, lachen, sich lieben. Auch Marie genoss diese Zeiten. Simon erschien ihr nach dem Training immer wie ausgewechselt.

Marie war kein ausgesprochener Fußballfan, aber sie konnte verstehen, dass sich junge Menschen für Fußball begeisterten. Sie selbst spielte, wenn überhaupt, lieber Tennis.

Was sie am Fußball nicht mochte, waren die Zuschauer. Sie waren ihr zu laut und tönten hinterher großspurig: »*Wir* haben gewonnen« oder »*Wir* haben verloren, weil die gegnerische Mannschaft unfair gespielt hat«.

Das war einer der Gründe, warum sie fast nie zu den Spielen von Simons Mannschaft mitging. Ein anderer

Grund war der Judenhass, der immer wieder unter den gegnerischen Fans laut wurde. Das wollte sie sich nicht antun.

Einmal bat Simon sie aber doch, zu einem Auswärtsspiel mitzukommen. Es sei wichtig, dass möglichst viele Zuschauer seine Mannschaft anfeuerten. »Jede Stimme zählt, auch deine!«, zwinkerte er ihr zu, und Marie ließ sich überreden.

Mit öffentlichen Verkehrsmitteln machte sie sich am Samstagmittag auf den Weg. Eine Stunde später war sie am Stadion.

Sie hatte kein gutes Gefühl, als sie die vielen Menschen sah, die auf die Zuschauerplätze drängten. Sie schaute sich nach bekannten Gesichtern um, entdeckte aber niemanden. Wo sollte sie hin? Konnte sie sich einfach unter die anderen Leute mischen? Marie hatte keine Ahnung und wäre am liebsten gleich wieder gegangen. Sie fühlte sich fremd unter all diesen Menschen, von denen einige schon vor dem Spiel ziemlich betrunken waren und ihr anzügliche Blicke zuwarfen.

Als endlich die Spieler auf den Platz liefen, beruhigte sich Marie und war stolz, Simon in seinem Trikot zu sehen. Sehr sportlich wirkte er. Verstohlen winkte sie ihm zu, als er zu ihr herüberschaute. Einige um sie herum bekamen das mit.

»Was? Du gehörst zu denen? Verpiss dich, du Judenbraut!«, pöbelten sie Marie an. Einer spuckte vor ihr aus. »Judenhure!«, giftete er sie an.

Entsetzt suchte sich Marie einen anderen Platz. Eigentlich hatte sie nach dieser Erfahrung schon gar keine Lust mehr, das Spiel anzuschauen, doch sie blieb, weil sie es Simon versprochen hatte.

Das Spiel zog sich hin. Es war keine aufregende Partie, beide Mannschaften waren entweder gleich gut oder gleich schlecht. Alle versuchten nur, ja kein Tor zu kassieren.

Erst wenige Minuten vor dem Schlusspfiff änderte sich die Situation. Ein Spieler aus Simons Mannschaft wurde im Strafraum der Heimmannschaft gefoult. Der Schiedsrichter entschied auf Strafstoß und deutete auf den Elfmeterpunkt.

Die Zuschauer brüllten und beschimpften den Schiedsrichter. Und in dem Moment, als er den Strafstoß freigeben wollte, stürmten plötzlich etliche Leute aufs Spielfeld und jagten auf den Schiedsrichter und auf die Spieler von Simons Mannschaft los.

»Die Juden dürfen nicht gewinnen!«, brüllten sie, »Judenschweine!« Sie ließen ihrem Hass freien Lauf.

Das Spiel wurde nicht von der Polizei bewacht, weil die Organisatoren davon ausgegangen waren, es würde friedlich verlaufen, da es bei vergleichbaren Spielen in der Vergangenheit auch keine Probleme gegeben hatte.

Marie beobachtete das Geschehen aus halbwegs sicherer Position. Warum dieser Hass?, fragte sie sich. Ist es nur der Alkohol oder bricht sich da eine alte Wut Bahn? Sie fand keine Erklärung, sah nur, wie die Spieler aus Simons Mannschaft, so schnell sie konnten, über den Platz rannten, gefolgt von dem Mob der gegnerischen Fans. Das Spiel wurde abgebrochen.

Marie überlegte, wohin Simons Mannschaft floh. Würden sie irgendwo Schutz finden?

Endlos lange Minuten vergingen. Sie hörte das aufgebrachte Geschrei der gegnerischen Fans und ein wildes Pochen. Es kam aus Richtung der Umkleidekabinen. Hatte sich Simons Mannschaft dort verschanzt? Was planten diese wild gewordenen Fans? Wollten sie in die Kabinen eindringen, die Spieler verprügeln?

Kalter Schweiß lief Marie über den Rücken. Was sollte sie tun? Hilfe holen? Dann hörte sie endlich Polizeisirenen. Marie wagte sich näher zu den Kabinen, um mitzubekommen, was dort geschah.

Mannschaftswagen fuhren vor, Polizisten sprangen aus den Fahrzeugen, kesselten die Meute ein und führten die Männer ab. Einige versuchten sich zu wehren, hatten aber gegen die Überzahl der Polizei keine Chance.

Doch wo waren Simon und seine Mitspieler? Bislang war noch keiner von ihnen zu sehen.

Einer der Polizisten holte ein Megafon aus einem Polizeiauto und stellte sich vor die Tür zur Umkleidekabine.

»Hier spricht die Polizei. Sie können jetzt rauskommen, wir haben die Angreifer festgesetzt!«

Langsam öffnete sich die Tür und einer nach dem andern traten die Spieler heraus. Marie hatte sich noch ein Stück weiter vorgewagt, um alles sehen zu können. Die Spieler waren bleich im Gesicht und schauten sich ängstlich um. War die Gefahr wirklich gebannt?

Hinterher erzählte ihr Simon, dass sie gefürchtet hatten, die Tür könne den Schlägen ihrer Verfolger nicht standhalten und zu Bruch gehen.

»Wir wussten nicht, ob jemand Hilfe ruft und wann sie eintreffen würde. Panik brach aus. Einige hatten Tränen in den Augen. So etwas haben wir noch nie erlebt.«

Marie konnte das gut verstehen.

»Müsst ihr denn gegen Vereine spielen, die solche Zuschauer ins Stadion lassen? Man kann doch schon ahnen, dass es denen nicht nur um Fußball geht, sondern um Randale, erst recht gegen euch!«

»Was ist die Alternative?«, fragte Simon. »Sollen wir immer nur unter Polizeischutz und ohne Publikum spielen?«

»Ich weiß es nicht«, räumte Marie ein. »Ich hatte einfach nur Angst.«

Dass sie als Judenhure beschimpft worden war, erzählte sie ihm nicht. Sie fühlte sich nicht als eine und das allein zählte.

Großeltern

An einem regnerischen Sonntag Mitte Mai war Marie zum ersten Mal bei Simon zu Hause. Er hatte sie bewusst für diesen Tag eingeladen, weil die Eltern zusammen mit seiner Schwester einen Besuch bei Freunden machen wollten und erst am Abend wieder zurückkamen.

Marie war aufgeregt, aber auch neugierig. Den Freund zu Hause zu besuchen, war für sie ein weiterer Schritt in eine echte Beziehung.

Simon versuchte, ruhig zu bleiben, doch innerlich war er angespannt. Er hatte ein Mittagessen vorbereitet und auch Getränke besorgt.

Marie kam pünktlich, nur Simon war mit dem Essen noch nicht so weit. Er führte sie durchs Haus, zeigte ihr Küche, Esszimmer, Wohnzimmer und, worauf er besonders stolz war, sein eigenes Reich. Marie registrierte mit einem verschmitzten Lächeln, wie aufgeräumt alles war. »Extra für mich?«, fragte sie.

Die kurze Zeit, bis Simon mit Kochen fertig war, musste Marie im Esszimmer bleiben. Obwohl nichts Großartiges im Backofen vor sich hin schmorte, war er doch stolz, es allein geschafft zu haben. Eine Gemüselasagne, dazu Feldsalat und für den Nachtisch hatte er Vanilleeis mit heißen Himbeeren geplant.

»Wer sind die Menschen auf den Fotos?«, fragte Marie, als er das Essen hereintrug. »Sie machen so einen freundlichen Eindruck. Sind das Verwandte von dir?«

»Das sind meine Großeltern und Urgroßeltern. Du weißt, ich hab in der Schule schon mal von ihnen erzählt.«

Marie erinnerte sich und schaute die Fotos genauer an.

»Wenn man bedenkt, was sie durchgemacht haben. Sie sehen so unbeschwert aus. Vielleicht täuscht das aber auch.«

»Lass uns erst essen. Wenn du hinterher Lust hast, kann ich dir mehr über sie erzählen.«

»Hast du das etwa alles selbst gekocht? So ganz ohne Hilfe?«

»Klar«, sagte Simon stolz, »Schmeckt's dir?«

»Und wie!«, antwortete Marie.

»Hinterher gibt es noch Eis oder willst du lieber einen Espresso?«

»Beides, wenn's geht.« Marie fühlte sich wohl, das sah Simon und freute sich.

Als sie beim Espresso waren, schaute Marie sich noch mal die Fotos an. »Magst du mir jetzt was über sie erzählen?«

»Gern, aber heute nicht die Horrorgeschichten aus den Konzentrationslagern.«

»Musst du auch nicht. Doch was weißt du über ihre Zeit danach? Ich stell mir das nicht so einfach vor, in eine Stadt zurückzukommen, die man geliebt hat und die auf einmal in Trümmern liegt.«

»Es war nicht nur die Stadt, die in Trümmern lag, auch die Familie und Freunde gab es nicht mehr. Sie alle wurden in Auschwitz ermordet. Mit diesem Gefühl, allein zu sein, sind sie in ihre Heimat zurückgekehrt, mein Opa nach Frankfurt, meine Oma nach Münster. Niemand aus ihrer Familie lebte noch.«

»Was haben sie gemacht? Sie mussten doch irgendwo wohnen?«

»Mein Opa wurde von einer jüdischen Familie aufgenommen, die die Nazizeit in einem Versteck überlebt hatte. Um meine Oma haben sich Nachbarn gekümmert, die sie bei sich aufnahmen. Beide hatten noch keinen Schulabschluss, den mussten sie erst nachholen, bevor sie an eine Ausbildung denken konnten.«

»War das denn überhaupt möglich, so kurz nach dem Krieg?« Marie hatte keine Vorstellung, wie damals ein Schulalltag aussah.

»Ja, sie gingen zur Schule, aber das kann man mit heute überhaupt nicht vergleichen. Es gab keine Bücher, keine Hefte, nur ab und zu hatten sie mal einen Bleistift, mit dem sie Blätter beschriften konnten.«

Simon erinnerte sich daran, was er wenige Wochen zuvor von seinen Eltern erfahren hatte.

»Oma und Opa haben etwa die gleichen Erfahrungen gemacht. Sie hatten zwei bis drei Stunden Unterricht am Tag. Die Klasse war überfüllt, meist waren zwei Jahrgänge in einem Klassenraum. Einige Fensterscheiben waren noch zerbrochen, mit Pappe oder mit Brettern wurden sie notdürftig abgedichtet.

Das alles haben sie in Kauf genommen, weil sie hofften, dass bald bessere Zeiten anbrechen würden. Etwas anderes war für sie viel schwerer zu ertragen. Als sich herausstellte, dass sie Juden waren, wurden sie nicht nur von den Mitschülern, sondern besonders auch von den Lehrern geschnitten.«

»Warum denn von den Lehrern? Die hätten ihnen doch zur Seite stehen müssen!« Marie schaute Simon entsetzt an.

»Viele Lehrer«, erklärte er, »waren schon während der Nazizeit welche. Sicher sind nicht alle von ihnen Nazis gewesen, aber sie waren doch von der Zeit geprägt. Ein Lehrer meines Opas soll sich sogar gewundert haben, dass es überhaupt noch Juden gab.

Marie war schockiert, aber Simon erzählte weiter.

Beide machten ihr Abitur, Opa in Frankfurt, Oma in Münster. Doch ihre Erfahrungen in Auschwitz ließen sie nicht los. Auf der einen Seite lebten sie wieder in ihrer Heimat, auf der andern war dieses Land auch das Land der Täter, der Nazi-Verbrecher, die Millionen Juden vergast hatten. Meine Großeltern hatten ständig Angst, in der Stadt, im Bus oder in der Straßenbahn jemandem von den Tätern zu begegnen, Männern oder Frauen, die sie in Auschwitz gequält hatten. Diese Gefahr war real, denn viele lebten ja tatsächlich noch mitten unter ihnen. Ohne Schuldbewusstsein waren sie nach dem Krieg zu ihren Familien zurückgekehrt, fanden wieder Arbeit, viele in ihren alten Berufen, und führten nach außen hin ein normales Leben. Für sie war die Vergangenheit vorbei, sie schauten nach vorn, wollten nicht erinnert werden. Es galt nicht nur, Zerstörtes wieder aufzubauen, sie wollten sich auch ein sorgenfreies Leben schaffen. Da störten die Erinnerungen an die Verbrechen nur, an denen die meisten von ihnen beteiligt gewesen waren oder zu denen sie doch zumindest geschwiegen hatten. Einmal glaubte Opa, tatsächlich einen Mann, der in Auschwitz als gefürchteter Aufseher bekannt war, in Frankfurt wiedererkannt zu haben. Sein Äußeres hatte sich verändert, anstatt der Uniform trug er nun Zivilkleidung, doch er hatte eine fast unverwechselbare Angewohnheit. Wenn er sprach, machte er ständig ein Geräusch durch die Nase, so als wenn sie verstopft wäre. Opa hatte Angst, dass nicht nur er den Mann wiedererkannte, sondern der Mann vielleicht auch ihn. Er versuchte, etwas über ihn rauszufinden, gab es aber schließlich auf, weil er außer einer Adresse in einem Mehrfamilienhaus nichts in Erfahrung brachte.

Die Erfahrungen in Auschwitz sowie die ersten Nachkriegsjahre waren für das Gerechtigkeitsempfinden meines Opas ziemlich prägend. Weil er der Familie, die ihn aufgenommen hatte, nicht länger auf der Tasche liegen wollte, entschied er sich, eine Ausbildung zum Justizangestellten zu machen. Der Verdienst war nicht hoch, doch er konnte etwas zum Unterhalt beitragen und, wenn er sparsam war, sich auch das eine oder andere neue Kleidungsstück kaufen: eine Anzugjacke, ein neues Hemd oder eine Krawatte. Alles Dinge, die auch für den Beruf wichtig waren.

Beim hiesigen Amtsgericht fand er schließlich eine Lehrstelle. Die Arbeit gefiel ihm, er bekam einen Einblick in Strafverfahren, insbesondere wenn es um Diebstahl, Betrug oder Körperverletzung ging. Nach seiner Lehre wurde er dann als Justizangestellter übernommen.

Was ihn allerdings erschreckte, waren die Gespräche von Beamten und Angestellten, die er in Büros, auf den Fluren und auch in den Pausen mitbekam. Da maßte sich in den Augen der Leute doch tatsächlich ein Staatsanwalt an, Ermittlungen gegen Männer und Frauen aufzunehmen, die in Auschwitz Dienst geleistet hatten. Dieser Fritz Bauer*, ein Sozi und ein Jude, wie sie ihn titulierten, solle die Sache doch auf sich beruhen lassen, war ihre einhellige Meinung. Aber nein, jetzt zog dieser Jude zwanzig Männer vor Gericht, um sie für das, was sie angeblich in Auschwitz getan hatten, zur Rechenschaft zu ziehen.

Auschwitz war in den Augen der meisten Justizmitarbeiter nur ein Schutzhaftlager, und da musste sicher ab und zu auch mal hart durchgegriffen werden, um Ruhe und Ordnung zu schaffen!

Die zwanzig ehemaligen SS-Leute, die da angeklagt werden sollten, hatten doch nur ihre Pflicht getan und Befehle ausgeführt. Und wenn sie nun vor Gericht kamen, was war dann mit den Zehntausenden und Hunderttausenden, die auch so gehandelt hatten? Sollten die auch alle vor Gericht? Wie würde man denn dann vor seiner Familie, vor seinen Kindern und Enkeln dastehen? Als Mörder?

»Solche Gespräche musste sich Opa Georg immer wieder anhören«, sagte Simon nachdenklich. »Er hat es nicht gewagt, sich als Jude zu outen, geschweige denn zu sagen, dass seine ganze Familie in Auschwitz ermordet wurde. Er hatte Angst vor den Reaktionen der Mitarbeiter im Amtsgericht.

Opa war durch die Gespräche aber auch neugierig geworden. Warum behaupteten die Mitarbeiter im Amtsgericht, dass Auschwitz ein Schutzhaftlager gewesen sei? Allein der Begriff war ja schon irreführend für das, was dort wirklich geschah. In den Lagern war jedenfalls niemand geschützt worden.

Er wollte herausfinden, was nicht nur die Mitarbeiter am Gericht, sondern auch die Menschen draußen auf der Straße über Auschwitz wussten. Seine Fragen stellte er eher beiläufig, weil er keine Diskussionen provozieren wollte.

Dass Auschwitz ein Schutzhaftlager gewesen sei, hörte er immer wieder. Viele meinten aber auch, sie hätten nie was von Auschwitz gehört. Selbst im Amtsgericht gaben sich die meisten unwissend. Oder sie wurden wütend und meinten, er solle sie damit in Ruhe lassen, das sei vorbei. Selbst der Bundesminister Franz-Josef Strauß* habe dies in einer Rede gefordert und gesagt: ›Ein Land, das solche wirtschaftlichen Leistungen vollbracht hat, hat ein Recht darauf, von Auschwitz nichts mehr hören zu müssen.‹ Das hat er echt so im Zusammenhang mit den Frankfurter Auschwitz-Prozessen gesagt«, erklärte Simon und schüttelte den Kopf.

»Nur selten bekam mein Großvater zu hören, das sei ein ganz dunkles Kapitel in der deutschen Geschichte, das nicht vergessen werden dürfe. Jede und jeder, der oder die sich in Auschwitz oder in anderen Lagern schuldig gemacht habe, müsse sich dafür vor einem Gericht verantworten.

Dass mein Großvater selber in Auschwitz gewesen war, hat er unter diesen Verhältnissen im Amtsgericht natürlich nie öffentlich gemacht. Aber er war froh, dass es in Frankfurt auch andere Menschen gab, so wie diesen Staatsanwalt Fritz Bauer, der einen Prozess gegen SS-Leute vorbereitete. Das hat er damals gründlich verfolgt. Und das hat ihm Hoffnung gemacht.« Mit diesen Worten schloss Simon seinen Bericht.

»Das war ja mehr als eine echte Geschichtsstunde«, meinte Marie. »Hat dein Opa sein ganzes Berufsleben bei dem Amtsgericht verbracht? Ich stell mir das nicht einfach vor, wenn man solche Kollegen um sich hat.«

»Ja, er war bis zu seiner Rente dort. Über die Jahre nach den Auschwitzprozessen hat er meinen Eltern nur wenig erzählt. An seiner Dienststelle hat er später aber doch Position bezogen und fand auch genügend Unterstützer. Unzufrieden war er mit dem Ausgang der Frankfurter Prozesse. Er hätte sich damals gewünscht, dass das Gericht Auschwitz insgesamt als Mordmaschinerie einstufen würde, dann hätten mehr Täter, die ja namentlich bekannt waren, vor Gericht gestellt werden können. Eine solche Entscheidung hat er leider nicht mehr erlebt.«

»Und deine Oma? Sie hat so einen liebevollen Blick auf dem Foto. Von ihr hast du noch gar nichts erzählt. Was war mit ihr? Wo hat sie gearbeitet?«

Simon atmete tief durch.

»Meine Oma«, begann er, »kam aus Münster nach Frankfurt, um hier zu studieren. Sie wollte Lehrerin werden und wurde es auch. Hier in der Stadt haben die beiden sich dann auch kennengelernt. Sie mussten sich ja schließlich mal begegnen, es gab aus den bekannten Gründen nicht mehr viele Juden, und sie begegneten sich zum ersten Mal in der Synagoge. Danach trafen sie sich häufiger und die Liebe nahm ihren Lauf. Sie heirateten, bekamen Kinder, doch meine Oma wollte auch in ihrem Lehrerberuf arbeiten. Eine Sache aus ihrem Leben muss ich dir erzählen, die ich zunächst nicht verstanden habe. Beide, Opa und Oma, haben sehr schnell herausgefunden, dass jeder von ihnen in Auschwitz war und dass ihre Familien dort ermordet wurden. Was sie dort aber erleiden mussten, darüber haben sie nie miteinander gesprochen. Meine Oma sagte, Opa sei der einzige erwachsene Mensch gewesen, den sie aus ganzem Herzen liebte. Diesen Menschen wollte sie mit ihrer Geschichte nicht belasten. Opa hat das vermutlich ganz ähnlich gesehen. Oma meinte, wenn sie merkte, dass Opa traurig oder in sich gekehrt war, wusste sie, dass er an Auschwitz dachte.«

Simon machte für Marie und sich noch einen zweiten Espresso, bevor er weitererzählte.

»Meine Oma war Lehrerin an einem Gymnasium. Sie hat dort Deutsch und Geschichte unterrichtet. Auch sie hat, ähnlich wie mein Opa, ihre Vergangenheit im Kollegium nicht offengelegt. Für sie war es wichtig, einen guten Unterricht zu machen. Eine Episode aus ihrem Berufsleben ist aber bemerkenswert, etwas, was heute unvorstellbar ist. Weil Oma sich nicht als ehemaliger Häftling von Auschwitz zu erkennen geben wollte, aber Kontakt zu anderen ehemaligen Häftlingen hatte, kam ihr irgendwann eine Idee. Es war Anfang der 1970er-Jahre, als in der zehnten Klasse der Holocaust auf dem Plan stand. Sie wollte das nicht nur theoretisch anhand von Lehrbüchern abhandeln, sondern ganz authentisch. Bei dem Direktor hatte sie mal vorsichtig nachgefragt, ob sie eine Zeitzeugin in die Klasse einladen dürfe. Das wurde abgelehnt. ›Man weiß ja nicht, was das für Leute sind, diese sogenannten Zeitzeugen‹, argumentierte der Direktor.

Doch Oma wollte von ihrem Plan nicht abrücken. Sie hatte einen guten Draht zum Hausmeister. Mit ihm vereinbarte sie, die Frau, die sie in den Unterricht eingeladen habe, wenige Minuten nach der Pause durch den Hintereingang der Schule reinzulassen und bis zu der Klasse zu führen. Zehn Minuten vor Ende der Doppelstunde solle er sie dann auf dem gleichen Weg wieder hinausbegleiten. Meine Oma war, wenn du so willst, die erste Frau, die zumindest an diese Schule eine Zeitzeugin holte. Natürlich kam es raus und meine Oma kriegte Riesenärger deswegen. Aber das war ihr egal, denn für die Schüler waren die beiden Unterrichtsstunden eine bleibende Erinnerung. Den Ärger bekam sie nicht nur, weil sie den Direktor hintergangen hatte. Als sich herausstellte, dass die Zeitzeugin Jüdin war, echauffierten sich besonders einige ältere Kolleginnen und Kollegen.«

»Mutige Frau, deine Oma«, gestand Marie. »Hat sie sich denn nie selbst dazu bekannt, Jüdin zu sein?«

»Doch, aber erst viel später. Als 1979 der Film ›Holocaust‹ im Fernsehen ausgestrahlt wurde, war die Öffentlichkeit zugänglicher für das Thema, und so konnte Oma dann auch ihre Geschichte erzählen. Übrigens: Als der Film anlief, sprengten Neonazis in Koblenz und Münster Sendeanlagen in die Luft.«

»Ehrlich? Davon hab ich noch nie gehört. Aber es gibt immer Menschen, die die Wahrheit nicht ertragen können. Wie kann man die bloß überzeugen?«

»Das weiß ich auch nicht. Mein Papa hat auf dem Elternabend angeboten, mal in die Klasse zu kommen, um dort unsere Familiengeschichte zu erzählen. So etwas könnte ein erster Schritt sein. Das Angebot steht, aber bis heute ist keiner von den Lehrerinnen und Lehrern auf ihn zugekommen. Frag mich nicht, woran das liegt. Ist es ihnen nicht wichtig genug?«

»Vielleicht müssen wir es ja selbst in die Hand nehmen, solche Begegnungen einzufordern«, sagte Marie

Simon nickte. »Aber heute nicht mehr! Eigentlich wollte ich diesen Tag mit dir anders verbringen. Jetzt habe ich die ganze Zeit nur erzählt.«

»War doch gut! Und ich hab dich ja selbst gefragt. Außerdem ist der Tag noch lange nicht vorbei«, meinte sie augenzwinkernd.

Verschwörungstheorien

Es war einer der wenigen sonnigen Tage in den Herbstferien, als Simon mit seiner Schwester durch die Stadt schlenderte. Sie hatten kein festes Ziel, wollten in einer Buchhandlung nach neuen Büchern stöbern, noch einmal in einem Straßencafé eine Limonade trinken oder ein Eis essen und sich einen schönen Tag machen. Charly war gut gelaunt, plapperte unentwegt, wollte dies und jenes wissen, doch bevor Simon die eine Frage beantwortet hatte, war sie schon bei den nächsten zwei. Als es ihm irgendwann zu viel wurde, blieb er abrupt stehen.

»Was hast du?«, fragte Charly mit einem Lächeln.

»Ich kann nicht mehr«, stöhnte Simon gespielt. »Ich hab einen Rucksack voll Wörtern und Fragen, ich kann ihn kaum mehr tragen und muss erst mal ausruhen, bevor wir weitergehen.«

»Rede ich wieder zu viel?«, fragte Charly. »Dann lass uns in eine Eisdiele gehen. Solange ich Eis esse, bin ich still. Und wenn es ein großes Eis gibt, haben deine Ohren viel Zeit, sich von meinem Geplapper zu erholen.«

»Okay«, lachte Simon, und gemeinsam steuerten sie auf die nächste Eisdiele zu, wo sie gerade noch den letzten freien Tisch im Außenbereich ergatterten. Ein paar Sonnenstrahlen wärmten Charly den Rücken.

»Müssen wir hier draußen auch unseren Corona-Test vorzeigen?«, fragte sie.

»Hier draußen nicht, nur wenn wir reingehen und dort unser Eis essen.«

»Hoffentlich ist Corona bald vorbei, das nervt echt«, murrte Charly vor sich hin. Doch das Eis, das sie bestellt hatte, hob ihre Stimmung schnell.

Auf ihrem weiteren Weg durch die Stadt gerieten sie unverhofft in eine Gruppe von Demonstranten. Simon schaute sich um. Die Situation gefiel ihm nicht, er wollte so schnell wie möglich weg. Simon nahm Charly an der Hand, doch seine Schwester hatte etwas entdeckt, das ihr Interesse weckte.

»Warum tragen die alle einen gelben Stern?«, wollte sie wissen. Um herauszufinden, was in der Mitte des Sterns stand, löste sie sich aus dem Griff ihres Bruders und ging auf einen Mann zu, der so einen Stern auf dem Ärmel trug.

»Ungeimpft«, las sie laut.

»Warum trägst du so einen Stern und was heißt Ungeimpft? Früher mussten die …«

»Komm jetzt!«, forderte Simon sie auf. »Wir müssen weiter!«

»Ja, früher mussten die Juden solche Sterne tragen«, rief der Mann hinter ihnen her. »Die wurden in der Diktatur damals ausgegrenzt und heute haben wir wieder eine Diktatur. Heute werden wir ausgegrenzt!«

Charly schüttelte den Kopf. Das verstand sie nicht. Sie hatte schon davon gehört, dass vor vielen, vielen Jahren jüdische Menschen in Deutschland einen Judenstern an ihrer Kleidung tragen mussten. Und sie wusste auch, dass Juden in dieser Zeit verfolgt und in Lager eingesperrt worden waren, wo man sie umbrachte. Aber früher, das war für sie eine andere Zeit. Da gab es eine andere Regierung, eine, die Juden hasste. Sie wusste, dass damals ein Diktator an der Macht gewesen war, dem man nicht widersprechen durfte. Und wenn es doch jemand wagte, landete er im Gefängnis.

»Warum tragen die heute wieder solche Sterne? Und warum steht da ›Ungeimpft‹ drauf?«, fragte sie, als sie sich ein Stück von den Demonstranten entfernt hatten. »Das sind doch keine Juden, oder?«

»Wie soll ich dir das erklären?«, überlegte Simon laut. »Lass uns irgendwo einen ruhigen Platz suchen. Dann versuch ich's mal.«

Simon steuerte auf das Mainufer zu. Dort hatte er schon gute Gespräche mit seinem Vater und auch mit Marie geführt.

»Juden«, begann er schließlich, »hat man schon seit vielen hundert Jahren für alles mögliche Schlimme verantwortlich gemacht. Mal waren es Krankheiten, mal warf man ihnen vor, Kinder zu ermorden und aus dem Blut Pessach-Brot* zu backen oder das Blut zu trinken. Mal sollten sie schuld an der Armut im Volk sein, weil man den Juden nachsagte, sie seien geldgierig und wollten alles besitzen.«

»Igitt!«, schrie Charly, »Blut im Pessach-Brot? Das gibt es doch nicht! Wer denkt sich denn so was aus?«

»Das gibt es wirklich nicht. Aber manchmal brauchen Menschen offenbar eine Antwort für die Dinge, die sie sich nicht erklären können. Irgendjemand setzt eine Behauptung in die Welt, und viele Menschen halten sie plötzlich für bare Münze, ohne zu überlegen, ob das überhaupt stimmen kann.

Ich will dir ein Beispiel erzählen. Vor vielen Hundert Jahren wurde in Bacharach am Rhein ein Junge ermordet. Niemand wusste, wer den Jungen umgebracht hatte. Aber man hat eine Geschichte erfunden und Juden vorgeworfen, den unschuldigen Jungen getötet zu haben. Die Bevölkerung wollte sich an den vermeintlichen Tätern rächen. Weil es in Bacharach keine Juden mehr gab, da man sie schon lange umgebracht hatte, zog ein wütender Mob flussabwärts nach Oberwesel und verübte dort ein Massaker an der jüdischen Bevölkerung. Die Menschen rechtfertigten ihre Taten damit, dass Juden angeblich Ritualmorde begingen. Christliche Kinder würden kopfüber an einem Pfahl aufgehängt, ihre Adern würden aufgeschnitten, um das Blut zu gewinnen, das sie eben für das Pessach-Brot brauchten.«

»Ist ja furchtbar!«, sagte Charly. »Aber das war doch vor vielen Hundert Jahren, was hat das mit heute zu tun?«

»Die Legende reicht fast bis in die Gegenwart. Im besagten Oberwesel stand in der dortigen katholischen Kirche eine Skulptur, die den Jungen aus Bacharach am Marterpfahl darstellte, und um ihn herum sah man die Fratzen jüdischer Menschen.«

»Warum stand die Figur in der katholischen Kirche?«

»Es war die Kirche, die damals das Gerücht in die Welt setzte, die Juden hätten den Jungen auf diese Weise ermordet. Und das hat sich über all die Jahrhunderte gehalten und wurde den frommen Katholiken bei ihren sonntäglichen Gottesdienstbesuchen immer wieder vor Augen geführt.«

»Aber das glauben die Menschen doch heute nicht mehr, oder?« Charly war unsicher.

»Ob es aus allen Köpfen schon restlos verschwunden ist, kann ich dir echt nicht sagen. Viele Christen machen die Juden heute noch für die Ermordung von Jesus verantwortlich. Da können auch Vorstellungen in den Köpfen herumgeistern, wir würden Kinder ermorden. Unter muslimischen Menschen ist das leider sehr stark verbreitet. Sie werfen uns heute noch Kindsmorde vor.«

»Das stimmt doch nicht, oder?« Charly schaute ihren Bruder ängstlich an. Warum erzählte er ihr solche Dinge?

»Nein, das sind alles unhaltbare Vorwürfe. Ich wollte dir damit nur deutlich machen, dass immer dann, wenn unerklärliche Dinge geschehen, jemand dafür verantwortlich gemacht wird. Wir Juden eignen uns offensichtlich seit vielen Hundert Jahren besonders gut dafür.«

»Aber was hat das alles mit dem gelben Judenstern zu tun, den wir eben bei vielen der Demonstranten gesehen haben?«

»Das ist schwer zu verstehen, und eigentlich kann man es auch gar nicht, weil die Vorstellungen, die diese Menschen haben, so weit von der Wirklichkeit weg sind, dass man sich fragen muss, ob sie es eigentlich selbst verstehen.

Sie werfen uns Juden vor, wir hätten das Corona-Virus in die Welt gesetzt, um die Welt zu beherrschen. Deshalb werden Juden beschimpft und bespuckt. Und es kommt deshalb auch immer wieder zu körperlicher Gewalt. Sie schlagen mit Händen und Fäusten nach uns, sie treten auf uns ein, und es hat auch schon Messerattacken gegeben, weil wir angeblich schuld an Corona sind und das Virus in der Welt verbreitet haben. Das ist natürlich Unsinn, aber noch schlimmer geht es da in den sozialen Netzwerken zu, bei Facebook, Twitter oder dort, wo diese Menschen am häufigsten vernetzt sind, bei Telegram. Dort toben sie sich regelrecht aus und von dort werden auch die verrücktesten Theorien verbreitet. Eine davon lautet, wir suchten in der Corona-Pandemie nur den Profit, würden reich daran werden und versuchen, die Welt zu beherrschen.«

»Bin ich zu blöd oder ist das zu kompliziert? Ich kapiere das einfach nicht.« Charly schaute ihren Bruder fragend an.

»Nein, du bist nicht zu blöd. Ich glaube, die meisten von diesen Menschen kapieren es selber auch nicht. Sie bekommen Informationen, lesen sie, prüfen aber nicht nach, ob das alles richtig ist, sondern vertrauen den Schreibern blind. Wenn man Menschen nur oft genug sagt, dass zwei plus zwei fünf ist, dann rechnen sie nicht mehr nach und glauben es einfach. So passiert es auch in den sozialen Medien.«

»Und was hat das jetzt mit den Judensternen zu tun? Das war für die Menschen früher doch furchtbar, wenn sie damit auf die Straße mussten. Jeder hat dann gewusst, dass sie Juden sind, und sie beschimpft und verachtet. Jetzt laufen sie freiwillig damit rum? Wieso?«

»Als die Menschen früher, während der Nazi-Zeit, diese Sterne tragen mussten, hatten wir hier in Deutschland eine Diktatur. Das hatten wir ja schon geklärt. Heute, behaupten die Menschen, die du gesehen hast, hätten wir wieder eine Diktatur. Wegen der Corona-Pandemie hat die Regierung viele Maßnahmen verhängen müssen, die auf der einen Seite Freiheiten einschränken, auf der andern aber verhindern, dass sich noch mehr Leute infizieren. Es sind weniger Menschen krank geworden. Der erste Vorwurf der Demonstranten aber lautet, dass die Krankheit gar nicht so schlimm sei und der Staat mit den Einschränkungen nur seine Macht demonstrieren und die Bevölkerung auf weiterreichende Einschränkungen auch in anderen Bereichen unseres Lebens einstimmen wolle. Er wolle uns die Freiheiten stehlen.«

»Das ist doch falsch!«, empörte sich Charly. »Es sind ja deshalb weniger Menschen krank geworden, weil viele zu Hause geblieben sind. Und es sind weniger gestorben. Das ist doch auch wichtig.«

»Stimmt! Aber es geht noch weiter. Als die Krankheit ausbrach, haben viele Wissenschaftler daran gearbeitet, einen Impfstoff zu entwickeln. Als er endlich da war, konnten sich die Menschen impfen lassen und sind entweder gar nicht mehr krank geworden oder, wenn sie sich doch infizierten, war der Verlauf deutlich leichter. Die Politiker, aber auch Ärzte und das Personal in den Krankenhäusern hatten gehofft, dass sich deshalb eine große Zahl von Menschen impfen lassen würde, um die Krankheit zu stoppen. Doch es kam anders. Es haben sich nicht so viele Menschen impfen lassen, wie nötig gewesen wäre, um das Virus einzudämmen. Manche Menschen waren einfach skeptisch, weil der Impfstoff in sehr kurzer Zeit entwickelt und zugelassen wurde. Sie hatten Angst, er wäre noch nicht genügend erprobt. Diese Bedenken kann man ja haben. Aber man kann sich beraten lassen. Jeder Arzt macht das, jedes Krankenhaus.«

»Und warum lassen sich die Menschen nicht beraten?«

»Viele machen es ja und lassen sich überzeugen. Doch das, was wir eben gesehen haben, war etwas völlig anderes. Wir leben heute in keiner Diktatur, wie diese Menschen behaupten. Die Einschränkungen, die jetzt vorgenommen wurden, werden wieder aufgehoben, sobald die Pandemie es zulässt. Die Demonstrierenden vergleichen die demokratisch gewählte Regierung mit der früheren Hitler-Diktatur. Hitler hat allein geherrscht und Gesetze erlassen, die nicht wieder zurückgenommen wurden. Und Juden waren die Zielscheibe, sie wurden verfolgt und in Lager gebracht, wo die Nazis sie systematisch ermordet haben. Die Menschen, die heute mit einem Judenstern rumlaufen, auf dem ›Ungeimpft‹ steht, stellen sich im Grunde genommen auf die Stufe derer, die damals verfolgt wurden. Juden waren Opfer und diese Leute da eben fühlen sich auch als Opfer. Sie wollen sich nicht impfen lassen, fühlen sich aber vom Staat und auch von den vielen Menschen, die sich haben impfen lassen, unter Druck gesetzt.«

»Aber wieso fühlen sich die Demonstranten denn als Opfer? Das versteh ich nicht!«

»Das kann man auch nicht verstehen«, versuchte Simon ihr zu erklären. »Die Juden damals in der Nazi-Zeit waren tatsächlich Opfer. Sie hatten zum Schluss keine Rechte mehr und wurden umgebracht. Die Menschen, die heute mit einem Judenstern rumlaufen, werden aber weder verfolgt noch ermordet. Sie stellen sich nur auf die gleiche Stufe mit den jüdischen Menschen von damals. Das Unsägliche daran ist, dass sie sich mit den Menschen von damals vergleichen, ohne auch nur einen Ansatz von Not und Verfolgung zu erleben. Wer das leugnet, lügt.«

Simon hätte seiner Schwester noch mehr darüber erzählen können, doch er wollte sie nicht überfordern. Sie war auch inzwischen ganz still geworden. Charly dachte nach.

Auch Simon dachte weiter über das Thema nach. Wieso maßten sich ungeimpfte Menschen an, sich auf eine Stufe mit Sophie Scholl oder Anne Frank zu stellen? Sie waren doch keine Märtyrer wie die Mitglieder der Weißen Rose*, die mit Flugblättern Menschen über den verbrecherischen Krieg aufklären wollten und dafür verhaftet und hingerichtet wurden. Und wieso verglichen sie sich mit Anne Frank, deren Leben im Konzentrationslager endete? Was ging ihnen durch den Kopf, wenn sie solche Vergleiche herstellten? Im Grunde verhöhnten sie mit ihren Vergleichen doch all die Widerstandskämpfer von früher.

Simon schüttelte den Kopf.

Manchmal überkam Simon ein Gefühl der Verzweiflung, wenn er an die Menschen dachte, die ihm und seiner Schwester in der Stadt begegnet waren. Warum war es nicht möglich, mit ihnen zu diskutieren? Warum ließen sie keine anderen Meinungen zu? Warum vertrauten sie einfachen Erklärungen für komplizierte Zusammenhänge?

Auf dem gemeinsamen Heimweg mit Charly merkte er, dass er trotz allem die Stadt mochte. Er mochte das Mainufer, er mochte seine Freunde, er mochte die Orte, an denen sie sich trafen, er mochte seinen Fußballverein und auch die Schule, trotz aller Anfeindungen, die immer noch stattfanden. Und ganz besonders mochte er Marie. Doch genügte das, um hier zu leben?

Epilog

Simon braucht eine Auszeit. Ohne die Eltern, ohne die Schwester, die ihm in letzter Zeit immer häufiger Fragen nach den Impfgegnern stellt, ohne seine Freunde, ohne den Fußballverein und auch ohne Marie. Mit den Eltern hat er schon über dieses Bedürfnis gesprochen und sie haben auch grundsätzlich zugestimmt. Allein der Zeitpunkt stand noch nicht fest. Sicher würden sie ihn gern an den Ort seiner Wahl bringen und dort auch wieder abholen. Aber nein, er will das allein durchziehen, niemand soll ihm reinreden. *Er* will die Entscheidung treffen, wie es in seinem Leben weitergehen soll.

Jetzt hat er Ort und Zeitpunkt für seine Auszeit gewählt. Ein verlängertes Wochenende auf dem Campingplatz in Kahl in der Nähe von Aschaffenburg soll es werden.

Er ist bereit.

Leise zieht er die Haustür hinter sich zu. Er will weder seine Eltern noch seine Schwester wecken. Draußen ist es noch dunkel, so hat er es gewollt. Niemand soll ihm begegnen, weder die Nachbarn noch die Bäckersfrau um die Ecke, die immer schon sehr früh vor ihrem Geschäft steht. Er will sich keine Fragen anhören, was ihn zu dieser frühen Stunde schon raustreibt.

Alles, was er für die vor ihm liegenden Tage benötigt, hat er dabei. Sein Ein-Mann-Zelt, seinen Schlafsack, eine Isomatte, Kleidung zum Wechseln und ein paar Lebensmittel.

Eine wichtige Entscheidung liegt vor ihm, das weiß er, und er weiß auch, dass es keine leichte werden wird. Trotzdem freut er sich, endlich die notwendige Zeit zu haben.

Mit dem Zug fährt er von Frankfurt nach Obertshausen, von dort bis zu dem Campingplatz in Kahl nimmt er das Rad. Es ist eine angenehme Strecke, die ihn über Land und durch einen Wald führt. Er genießt die frische Morgenluft, steigt vom Rad ab, setzt sich auf einen Baumstumpf und nimmt einen Apfel aus seinem Rucksack. Gelegentlich huschen Erinnerungen aus den letzten Jahren durch seinen Kopf. Er schiebt sie beiseite, will jetzt nur die Natur genießen.

Seinen Eltern und auch Marie schickt er eine WhatsApp, dass er ganz spontan dieses Wochenende für seine Auszeit gewählt habe, sie sollen sich keine Gedanken machen, er werde sich bald wieder melden.

Auf dem Campingplatz findet er eine ruhige Stelle, an der er sein Zelt aufbaut. Er genießt es, allein zu sein, mit niemandem reden und keine Fragen beantworten zu müssen. Irgendwann entdeckt er einen See in der Nähe und entschließt sich, eine Runde zu schwimmen. Das Wasser ist noch kalt, doch das stört ihn nicht.

Er will einfach nur abschalten, an nichts denken und auch nichts Besonderes tun. Er beobachtet die Vögel, hört das Rauschen der Bäume, das Plätschern des Wassers im See. Den wenigen Kindern schaut er zu, wie sie im Sand am Ufer Burgen bauen und Gräben ausheben, wie sie im Wasser herumtollen und sich gegenseitig nass spritzen.

Wenn er Hunger hat, nimmt er sich etwas von seinen Vorräten aus dem Rucksack und genießt jeden Bissen. Nichts denken, einfach nur da sein und die unmittelbare Umgebung wahrnehmen, das ist sein Vorsatz für diesen Tag.

Die Eltern haben ihm eine Nachricht zurückgeschickt, wollen wissen, wo er ist.

Macht euch keine Sorgen, mir geht es gut, antwortet er. Mit diesem Satz müssen sie zufrieden sein.

In der Nacht schläft er unruhig, träumt wirres Zeug. Er wird oft wach, muss sich kurz orientieren, wo er ist, bevor er in den nächsten Dämmerschlaf fällt. Es sind fast immer die gleichen Träume, die ihn aufwühlen, ihn hochschrecken lassen. Mal ist er in einem Versteck, umgeben von hohen Wänden, damit ihn niemand findet. Aber dann sind die Wände plötzlich aus Glas. In einem anderen Traum rennt er über ein freies Feld. Hinter ihm eine Hundemeute, die laut bellend näher kommt. Er sucht nach einem Schutz, findet aber nichts. Mit Schweißperlen auf der Stirn wird er wach.

Simon geht zur Toilette, wäscht sich mit kaltem Wasser das Gesicht ab und hofft, die restlichen Stunden der Nacht traumlos weiterschlafen zu können. Es gelingt ihm nicht. Er träumt weiter.

»Angeklagter, erheben Sie sich! Ich verkünde das Urteil: Sie haben durch Ihre Anwesenheit Unfrieden gestiftet und müssen zur Strafe …«

Morgens erinnert sich Simon nicht mehr, welche Strafe der Mann in der schwarzen Robe ihm auferlegt hat. Er weiß nur noch, dass er Ähnlichkeit mit Direktor Schneiderjahn hatte.

Simon ist verstört. Warum hatte er in der Nacht solche Träume? Der gestrige Tag war doch Entspannung pur gewesen.

Nach einem langen Spaziergang und einem Kaffee, den er sich am Kiosk des Campingplatzes kauft, findet er vor seinem Zelt wieder die Ruhe, um über alle Fragen nachzudenken. Es sind im Grunde keine neuen Fragen, sondern die, die ihn schon lange umtreiben. Jetzt ist er auf der Suche nach Antworten.

Eine Frage schiebt sich in den Vordergrund.

Nach all den Demütigungen, Beschimpfungen und Beleidigungen, den Ausgrenzungen und der Gewalt, die er in den zurückliegenden Jahren erfahren hat, fragt er sich, wo für ihn die Grenze ist. Irgendwo muss er ein Stoppschild aufstellen. Bis hierhin und nicht weiter. Bis hierhin bin ich bereit zu akzeptieren, dass es immer noch Vorurteile gegenüber uns Juden gibt, aber nicht weiter. Doch wo ist diese Grenze?

Seine Vorstellung von einem »normalen« Leben, einem Leben, in dem er das sein kann, was er ist, hat er schon fast aufgegeben. Er glaubt nicht daran, dass er als Jude auf Dauer unbeschwert in Deutschland leben kann. So wie er es sieht, gibt es immer wieder Zeiten, in denen der Antisemitismus hochschwappt. In der jüngsten Vergangenheit war es besonders dann der Fall, wenn es im Nahen Osten zu Konflikten kam. Juden, egal in welchem Land sie lebten, wurden für die Politik Israels verantwortlich gemacht. Simon hat das in seinem kurzen Leben oft genug erfahren. Auch im kleinen Kreis wurde er darauf angesprochen: »Was macht eure Regierung denn da im Gaza-Streifen? Besonders die müsste doch aus der Geschichte gelernt haben!« Simon möchte sich nicht rechtfertigen müssen für Dinge, auf die er keinen Einfluss hat. Es ist nicht seine Regierung, auch nicht die seiner Eltern. Er hat sie nicht gewählt.

In Deutschland zu leben, bedeutet für ihn in diesem Punkt, zu der Politik Israels klar Position zu beziehen. Das hat nichts mit seinem Glauben zu tun, sondern mit seiner Fähigkeit, politische Ereignisse kritisch zu bewerten. Hier weiß er auch nicht jüdische Freunde klar hinter sich. Inwieweit sie sich dem muslimischen Antisemitismus wirkungsvoll entgegenstellen können, kann er im Augenblick noch nicht einschätzen. Er hofft darauf, dass eine bessere Bildung und Aufklärung irgendwann ihre Wirkung zeigen. Ein Risiko, dass Gewalt von muslimischer Seite nicht eingedämmt werden kann oder sogar zunimmt, bleibt seiner Einschätzung nach trotzdem bestehen. Doch er will nicht diesen Menschen das Feld überlassen. Er will sich ihnen entgegenstellen, Haltung zeigen.

Diesen Punkt hat er also schon mal entschieden. Erleichtert dreht er eine Runde um den See, holt sich auf dem Rückweg einen weiteren Kaffee und setzt sich wieder vor sein Zelt.

Simon denkt zurück an seine Zeit an der jüdischen Schule und an die vielen Sicherheitsmaßnahmen. Er hat die Synagoge vor Augen, die von der Polizei bewacht wird, und weiß um seinen Fußballverein und die Spiele, die oft nur unter polizeilichem Schutz stattfinden können. Natürlich fühlt er sich unter polizeilicher Aufsicht sicher, aber dieses Sicherheitsgefühl impliziert für ihn immer auch ein Gefühl von Unsicherheit. Ganz offensichtlich gibt es eine latente Bedrohung nicht nur gegenüber den Gebäuden und Friedhöfen, die beschützt werden, sondern eben auch gegenüber den Menschen. Keiner kann sagen, ob und wann eine konkrete Gefahr besteht. Jederzeit kann es zu Übergriffen kommen. Ein drastisches Beispiel ist für ihn der Anschlag auf die Synagoge in Halle gewesen.

Woher kommt dieser Hass?, überlegt er. Was treibt Menschen zu solchen Taten? Warum gegen Juden? Wirken hier die jahrhundertealten Vorurteile nach? Wird von vielen Menschen heute immer noch bedauert, dass Adolf Hitler es mit seinem Regime nicht geschafft hat, alle Juden zu ermorden? Eine plausible Erklärung dafür findet er nicht. Es gibt Bedrohungen, das erkennt er ganz klar. Sie kommen auch aus einer rechten Bewegung in diesem Land, die nicht zu unterschätzen ist. Nicht immer sind es Parteien, für deren Mitglieder Gewalt kein Tabu ist. Gerade im rechten Spektrum gibt es oft lose Vereinigungen, Splittergruppen, die vor nichts zurückschrecken. Sowohl verbal als auch körperlich. Aufgeputscht von Musik aus der Szene ziehen sie los und schlagen zu. Oft genug hat er das in den zurückliegenden Jahren erfahren. Sicher schrecken diese Gruppen auch nicht vor bewaffneten Angriffen zurück. Was ihn aber noch mehr ängstigt, ist die populistische Partei, die nicht nur im Bundestag, sondern auch in vielen Landes- und Kommunalparlamenten vertreten ist. Das sind nach seinen Beobachtungen keine grölenden und pöbelnden Dumpfbacken, wie er sie in rechten Kleinparteien wie dem Dritten Weg* schon beobachtet hat. Hier sitzen sogar Akademiker, Lehrer, Beamte, die mit ihrem Mandat auch Menschen aus der Mitte der Gesellschaft vertreten. Mit ihren offenen und verdeckten Anfeindungen säen sie Hass und Gewalt, gerade auch gegen Juden.

Er registriert die zunehmende Bedrohung. Kann und will er ihr standhalten? Er nimmt sich vor, die weitere Entwicklung sorgfältig zu beobachten und sein Leben darauf einzurichten. Wo immer es ihm möglich ist, wird er dagegenhalten. Mit Argumenten! Ob er es schaffen wird? Ob es genügend Menschen gibt, die genauso denken wie er? Oder wird er, ähnlich wie sein Urgroßvater, einmal seinen Koffer packen und überlegen müssen, Deutschland zu verlassen? Sein Urgroßvater hatte zu Beginn des Dritten Reichs auch die Bedrohungen gesehen, den Menschen im Land aber nicht die brutale Feindseligkeit zugetraut, wie sie dann überall losbrach. Er und ein Großteil seiner Familie hatten dafür mit ihrem Leben bezahlen müssen.

Jetzt schon die Flucht ergreifen, wie es einige aus seiner jüdischen Gemeinde tun, will Simon nicht. Manche von denen wandern tatsächlich nach Israel aus, obwohl sie dort zunächst fremd sein werden. Mit dem Gedanken hatte auch er zwar schon mal gespielt, ist aber wieder davon abgekommen.

»Das Leben ist kein Ponyhof«, den banalen Satz hat er irgendwann einmal aufgeschnappt, jetzt fällt er ihm wieder ein. Für ihn wird es sicher kein Ponyhof werden, aber das war auch nie sein Ziel. Er wird sich engagieren müssen, politisch Position beziehen, doch nicht unbedingt in einer Partei. Er kennt sie zwar alle, hat nicht nur ihre Parteiprogramme gelesen, sondern einzelne Politiker auch beobachtet, wie sie sich in der Öffentlichkeit positionieren. Er weiß nicht, welche Partei ihm eine politische Heimat bieten könnte. Sicher gibt es aber Gruppen und Organisationen, mit deren Zielvorstellungen er sich anfreunden kann. Er weiß, er braucht Mitstreiter, als Einzelkämpfer schafft er es nicht. Er will sich umschauen, aktiv werden, das nimmt er sich fest vor.

Wieder hat er eine Antwort gefunden, mit der er zufrieden ist. Er legt sich auf den Rücken und blinzelt in die Sonne. Die Ruhe auf dem Campingplatz tut ihm gut.

Ein seltsamer Gedanke schießt ihm durch den Kopf. Ein katholischer oder ein protestantischer Jugendlicher würden sicher nie hinterfragen, ob sie ihre Religion in Deutschland problemlos ausüben können. Er als Jude macht es, muss es machen. Dieses Gefühl hat er. Dagegen muss er etwas tun. Er wird sich künftig auch in der Öffentlichkeit zu seiner Religion bekennen. Mit Kippa würde er nicht unbedingt vor die Tür gehen, weil sie ihn einfach stört. Doch seinen Davidstern wird er in Zukunft offen tragen. Sollte er deswegen angesprochen werden, wird er darauf reagieren. Vielleicht kann das ja ein Weg sein, Vorurteile abzubauen. Er will zeigen, dass Jude sein eine ganz normale Religion ist.

Vielleicht gelingt es ihm ja auch, Freunde an den jüdischen Feiertagen teilhaben zu lassen. Max und Matthias kennen nun schon die Bar Mizwa. Doch die Religion hat mehr zu bieten. Mit Marie einmal den Schabbat verbringen, das würde ihm gefallen. Aber auch mit Max oder Matthias. Ob er Sven auch mal dazu überreden könnte? Oder Achmed und Murat? Er fühlt sich stark, will es versuchen. Eine Illusion? Sicher! Aber er braucht solche Illusionen, um etwas zu verändern.

Zu diesen Überlegungen nickt er zufrieden. Auf jeden Fall will er seine Religion nicht mehr verbergen. Als erste Handlung zieht er seine Kette mit dem Davidstern unter dem Shirt vor. Nun ist der Stern für alle gut sichtbar. Er rechnet nicht damit, deswegen auf dem Campingplatz angesprochen zu werden, doch später, wenn er im Zug sitzt, könnte es Bemerkungen geben.

Die Zeit auf dem Campingplatz vergeht viel zu schnell. Hunger macht sich bei ihm bemerkbar. Am Kiosk gibt es nur Bratwurst und Pommes, darauf hat er keine Lust. Mit dem Rad fährt er in den Ort und hat Glück, eine Bäckerei bietet belegte Brötchen und Kuchen an. Damit deckt er sich ein, kauft sich am Kiosk noch einen Kaffee und setzt sich an den See.

Auf eine Frage findet er noch keine Antwort. Der will er sich aber erst am nächsten Tag widmen. Nach dem Essen macht er einen langen Spaziergang, überdenkt noch mal alles. Marie soll die Erste sein, mit der er seine Überlegungen teilt. Marie. Bei dem Gedanken an sie merkt er, dass er sie vermisst. Sehr sogar. Unterwegs setzt er sich auf eine Bank und schickt ihr eine Nachricht. *Geht es dir gut?* Mehr nicht, er will ihr nur zeigen, dass er an sie denkt. Schon nach wenigen Minuten kommt die Antwort: *Ja, mir geht es gut.* Simon ist enttäuscht, er hat sich mehr erhofft. Deswegen schreibt er sofort eine zweite Nachricht: *Was machst du gerade?* Die Antwort kommt diesmal prompt: *Liege im Garten in der Hängematte, in der einen Hand ein Buch, in der andern das Handy, und warte auf eine Nachricht von dir.*

Wollen wir telefonieren?, fragt Simon. *Gern*, ist die Antwort, und dann reden sie bis zum Einbruch der Dunkelheit. Über eine Frage hat er mit Marie nicht gesprochen, als sie auflegen. Die muss er erst mal für sich klären.

Nach dem Abitur will er zunächst ein soziales Jahr machen. In Frankfurt bieten sich viele Möglichkeiten. Doch danach wird er studieren. Er hat sich noch nicht entschieden, in welche Stadt er gehen wird. Nach Hamburg? Nach Berlin? Wird Marie mit ihm gehen? Er weiß es nicht, will es auch gar nicht wissen. Er möchte das auf sich zukommen lassen, sich nicht festlegen und mit Marie auch über *ihre* Pläne reden.

Simon weiß, dass das Leben, wie er es sich vorstellt, nicht einfach werden wird, aber er ist auch niemand, der mit Samthandschuhen angefasst werden will. Er kann sich durchsetzen, das hat er schon bewiesen.

Ja, er will bleiben, nimmt er sich vor. Er ist in Deutschland, in Frankfurt, geboren und hier aufgewachsen, es ist auch seine Stadt. Dort fühlt er sich wohl.

Er weiß und fühlt sich auch stark genug, im Kleinen etwas zu verändern. Sorgen macht ihm eine zunehmende Gewaltbereitschaft, die ganz unterschiedliche Gründe zu haben scheint. Vor einigen Jahren waren es die Geflüchteten, die in Deutschland Schutz suchten und immer öfter auf breite Ablehnung stießen. Am politisch rechten Rand haben sich Menschen in dieser Zeit radikalisiert. Er war noch zu jung, um das alles zu verstehen, doch bei seinen Eltern hat er die Sorge deutlich gemerkt. Wenn er sie darauf ansprach, verbreiteten sie Zuversicht, er solle sich keine Sorgen machen. In seinem Innern hatte er aber gespürt, dass die Eltern ihm nur die Angst nehmen wollten.

Seit einiger Zeit sind es die Querdenker, die in der Lage sind, mit ihren Verschwörungstheorien viele Menschen zu mobilisieren. Schaut man dahinter, werden wieder mal Juden für den Ausbruch und die Verbreitung der Pandemie verantwortlich gemacht. Das alles war schon mal da. Unterwandert werden diese Gruppen von rechten Parteien und Organisationen, die über ihre sozialen Netzwerke dazu aufrufen, sich ihnen anzuschließen.

Wird es so weitergehen? Wird es neue, weitere Strömungen geben, die nur ein Ziel verfolgen: die Verbreitung von Misstrauen und Gewalt?

Werde ich auf Dauer unter solchen Bedingungen hier leben können, in diesem Land? Werde ich, ähnlich wie mein Urgroßvater, auf gepackten Koffern sitzen? Werde ich den richtigen Zeitpunkt erkennen, um Deutschland notfalls doch verlassen zu können?

Ich will es nicht, denn dieses Land ist auch mein Land. Einen Koffer wird es in meinem Leben aber wohl immer geben, selbst wenn er nur als Mahnung in der Wohnung steht.

Glossar

Begriffe

Alliierte Streitkräfte: Der Begriff »Alliierte« kommt aus dem Lateinischen und bedeutet »Verbündete«. Im Zweiten Weltkrieg verbündeten sich die USA, Großbritannien, Frankreich und die Sowjetunion und kämpften gemeinsam gegen Deutschland.

Antisemitismus: Im allgemeinen Sprachgebrauch wird darunter eine ideologisch geprägte Weltanschauung verstanden, die davon ausgeht, dass Juden grundsätzlich die Ursache aller Probleme sind. Er ist mit Hass auf das jüdische Volk gepaart und fand seinen Höhepunkt in der Shoa, dem Völkermord der Nazis an den Juden im Zweiten Weltkrieg.

Appell: Im militärischen Bereich versteht man darunter formierte Versammlungen von Truppenteilen. In Konzentrationslagern während der Zeit des Nationalsozialismus dienten die Appelle zur Überprüfung der Vollständigkeit der Häftlinge sowohl morgens beim Morgenappell als auch abends nach dem Arbeitseinsatz beim Abendappell. Oft wurden die Gefangenen durch extrem in die Länge gezogene Appelle schikaniert. Der längste Appell in Auschwitz dauerte zwanzig Stunden.

arisch: Der Ursprung dieses Begriffs liegt in Indien und Persien. Er wurde von diesen Völkern als Eigenbezeichnung verwendet. Das ursprüngliche Wort »ayra« – der Edle – wurde von den Nationalsozialisten eigenwillig und wissenschaftlich nicht haltbar für die Beschreibung der in ihren Vorstellungen existierenden nordischen Rasse verwendet, die frei von fremdem Rassenerbgut sei. Als fremd galten von daher Juden, Sinti und Roma; sie wurden als Teile der slowakischen Völker betrachtet und galten von daher als Angehörige einer minderwertigen Rasse. Ferner wurden alle Menschen aus nicht europäischen Ländern als nichtarisch und somit als minderwertig eingestuft. Die nordische Rasse war nach Ansicht der Nationalsozialisten die am höchsten entwickelte; damit wurden die Verbrechen gegen alle anderen Rassen gerechtfertigt. Ein Ariernachweis für Beamte wurde bereits am 7. April 1933 durch ein entsprechendes Gesetz gefordert, von dem Bestandteile in weitere Gesetze, Verordnungen und Erlasse übernommen wurden.

Auschwitz: Der erste Teil dieses Lagers entstand 1940 am Rande der polnischen Stadt Oświęcim; dieser Bereich wurde als Stammlager oder Auschwitz I bezeichnet. Er entstand auf dem Gelände einer ehemaligen polnischen Kaserne, die noch gut erhalten war. Der Bereich wurde von Häftlingen, die ab Juni 1940 dort eingeliefert wurden, ständig erweitert. Neben dem Häftlingskomplex wurde Auschwitz I auch zum Verwaltungszentrum des gesamten Lagers. Über dem Eingangstor wurde der Schriftzug »Arbeit macht frei« angebracht. Die ersten Versuche, Häftlinge mit Gas zu töten, wurden hier durchgeführt. Ärzte verschiedener Disziplinen hatten hier ihre Laboratorien, um ganz unterschiedliche medizinische Versuche vorzunehmen, bei denen die Häftlinge meist starben. Die Toten wurden im Krematorium verbrannt.

Ab 1941 wurde das Vernichtungslager Auschwitz-Birkenau in Betrieb genommen. In den Gaskammern und Krematorien des Lagers wurden all jene Menschen ermordet und verbrannt, die nicht für die Arbeit geeignet waren, das heißt alte Menschen, Mütter mit Kindern und die Kinder selbst. Alle anderen, die man in Zügen hergebracht hatte, wurden zur Arbeit verpflichtet. Die Überlebensdauer dieser Gefangenen betrug etwa drei Monate.

In einem weiteren Lager, genannt Auschwitz-Monowitz, wurden die Häftlinge ebenfalls zur Zwangsarbeit verpflichtet. Dieses Lager wurde auf Initiative und Kosten der IG Farben eingerichtet. Auch dort hatten die Menschen nur eine kurze Überlebenszeit, weil die Arbeit schwer und die Verpflegung nie ausreichend war.

Auschwitz hatte insgesamt etwa fünfzig Nebenlager, zu denen die Häftlinge, sofern sie nicht vor Ort in Baracken untergebracht waren, zu Fuß hin- und nach zwölfstündiger Arbeit wieder zurücklaufen mussten. In Auschwitz wurden circa 1,2 Mio Menschen ermordet, die meisten von ihnen Juden aus verschiedenen europäischen Ländern.

Bar Mizwa: Für einen jüdischen Jungen ist die Bar Mizwa, die am ersten Schabbat nach dem 13. Geburtstag gefeiert wird, ein neuer Lebensabschnitt. Er wird als vollwertiges Mitglied in die Gemeinde aufgenommen. Zur Feier darf er in der Synagoge erstmals die Gebetsriemen anlegen sowie aus der Tora und dem Prophetenabschnitt vorlesen. Für jüdische Mädchen gibt es die Bat Mizwa, die nach dem 12. Geburtstag gefeiert wird.

Bethaus: Ein Bethaus ist ein Ort, wo sich Menschen zum Beten oder zu Gottesdiensten versammeln.

Bergen-Belsen: Das Lager bestand ursprünglich aus Baracken, in denen bis 1939 Arbeiter lebten, die den Truppenübungsplatz in Bergen errichteten. Nach Kriegsbeginn wurden diese Gebäude von der Wehrmacht übernommen und dienten als Lager für belgische und französische, später auch russische Kriegsgefangene. Ab 1943 wurde ein Teil des Lagers als Konzentrationslager genutzt. Hier wurden jüdische Häftlinge interniert, die gegen im Ausland gefangene Deutsche ausgetauscht werden sollten. Ab dem Frühjahr 1944 wurden auch männliche Häftlinge, die nicht mehr arbeitsfähig waren, aus anderen Lagern hier untergebracht. Die meisten von ihnen starben nach kurzer Zeit. Etwas später wurde auch ein Lagerabschnitt für weibliche Häftlinge eingerichtet. Die Frauen sollten von hier aus zu verschiedenen Orten in Deutschland gebracht werden, um dort Zwangsarbeit zu verrichten. Ende 1944 bekam das Lager eine weitere Funktion. Aus anderen Konzentrationslagern, die in Frontnähe lagen, wurden Häftlinge hierher deportiert, u. a. auch Anne Frank mit ihrer Schwester. Allein im März 1945 starben dort aufgrund von Hunger und Seuchen mindestens 18 000 Menschen. Während der gesamten Zeit waren etwa 120 000 in Bergen-Belsen interniert. Etwa 52 000 Männer, Frauen und Kinder starben in dieser Zeit.

Blockälteste(r): Der/die Blockälteste war ein Funktionshäftling im Konzentrationslager, der/die Aufsicht über die in einer Baracke lebenden Häftlinge führte. Er/sie war für alles verantwortlich, was den Block betraf (z. B. für die festgelegte Barackenordnung), musste stets die Zahl der Häftlinge prüfen und dafür sorgen, dass die »Betten« vorschriftsmäßig gemacht waren oder die Häftlinge rechtzeitig zum Appell antraten. Für die korrekte Durchführung seiner/ihrer Arbeit war er/sie dem SS-Personal gegenüber verantwortlich und wurde bestraft, wenn etwas nicht korrekt lief.

Challa: Challa oder Challot (Mehrzahl) ist ein traditionelles geflochtenes jüdisches Brot aus Weißmehl, Hefe, Eiern und etwas Fett, das zum Schabbat oder anderen jüdischen Feiertagen gebacken wird. Vor dem Verzehr wird es gebrochen und gesegnet.

Davidstern: Dieses Symbol – zwei übereinanderliegende Dreiecke – stammt aus dem jüdischen Kulturkreis und versinnbildlicht die Beziehung zwischen Mensch und

Gott. Das nach unten zeigende Dreieck bedeutet, dass der Mensch sein Leben von Gott erhalten hat, das nach oben zeigende, dass er zu Gott zurückkehren wird. Die zwölf Ecken des Sterns stehen für die zwölf Stämme Israels, die sechs Spitzen für die Tage der Schöpfung, und die Fläche in der Mitte symbolisiert den siebten, den Ruhetag. Während der Zeit des Nationalsozialismus mussten alle jüdischen Bürger einen solchen Davidstern an ihrer Kleidung tragen. Sie sollten damit in der Öffentlichkeit leichter als Juden zu identifizieren sein. Diese Vorschrift galt ab dem 19. September 1941.

Der III. Weg: Die Partei Der III. Weg wurde 2013 von ehemaligen Mitgliedern der NPD in Heidelberg gegründet. Ihren Hauptsitz hat sie in Bad Dürkheim in Rheinland-Pfalz. Es gibt starke personelle Verflechtungen mit der Neonazi-Szene.

Durchgangslager: Sie lagen in der Regel an Bahnstrecken, die direkt zu Konzentrationslagern führten. Solche Durchgangslager gab es besonders in den von Deutschland besetzten Ländern wie Frankreich, Belgien, Italien und den Niederlanden, wo es keine KZs gab. Sie waren als Zwischenlager konzipiert; von dort gingen Transporte von meist 1000 Häftlingen in die Konzentrationslager. Auch die Durchgangslager wurden von der SS verwaltet.

Deportation: Auf staatliche Anordnung werden Menschen in andere, meist vorher festgelegte Gebiete transportiert. Es sind Maßnahmen der zwangsweisen Unterdrückung von politischen Gegnern und der Isolierung von ethnischen Minderheiten. Mit dem Begriff »Deportation« werden vor allem die Verbrechen der Nationalsozialisten in Verbindung gebracht, die jüdische Einwohner aus Deutschland und den von den Deutschen kontrollierten Gebieten, aber auch Sinti und Roma in Ghettos oder Konzentrationslager bzw. Vernichtungslager verschleppten.

Gesetz gegen die Überfüllung deutscher Schulen und Hochschulen: Dieses Gesetz vom 25. April 1933 sollte die Zahl der Schülerinnen und Schüler an Schulen und Hochschulen so weit beschränken, dass eine »gründliche Ausbildung gesichert ist und dem Bedarf der Berufe genügt«, wie es wörtlich im § 1 stand. Im § 4 war festgelegt, dass Reichsdeutsche gegenüber Menschen mit nichtarischer Abstammung bevorzugt wurden. Mit diesem Gesetz verwehrten die Nazis vielen Juden den Zugang zu Schulen und Hochschulen. Die Betroffenen, die von der Schule oder Hochschule ausgeschlossen wurden, hatten in Deutschland keine Chance mehr auf ein Studium oder eine Berufsausbildung.

Hakenkreuz: Das Hakenkreuz war das Symbol der Nationalsozialistischen Deutschen Arbeiterpartei (NSDAP) und deren Untergliederungen. Die Verwendung des Symbols ist heute in Deutschland auch in allen Abwandlungen strafbar.

Holocaust: Mit diesem Begriff wird der nationalsozialistische Völkermord beschrieben, bei dem etwa sechs Millionen Menschen ermordet wurden. Systematisch und mit industriellen Methoden, d. h. der Ermordung von Menschen in eigens dafür errichteten Gaskammern, sollte die europäische jüdische Bevölkerung ausgerottet werden. Aber auch alles sonstige »lebensunwerte Leben« wurde so umgebracht. Dazu gehörten Behinderte, Homosexuelle oder auch Sinti und Roma, die von den Nazis abschätzig als Zigeuner bezeichnet wurden.

Kapo: Der Ursprung des Begriffs ist unklar, beschönigend wird oft »Kameradschaftspolizei« angenommen. Näher liegt ein Ursprung im Italienischen, wo mit »il capo« der Anführer oder das Oberhaupt bezeichnet wird. Kapos waren Funktionshäftlinge in Konzentrationslagern, die als Mitarbeiter der Lagerleitung andere Häftlinge beaufsichtigen mussten. Die SS wählte für diese Posten nur solche Häftlinge aus, die sich durch besondere Brutalität anderen gegenüber auszeichneten. Dafür hatten die Kapos bestimmte Privilegien wie bessere Verpflegung und wurden selbst auch nicht körperlich gezüchtigt. Durch ihren Gehorsam der SS gegenüber glaubten sie ihr eigenes Überleben im Lager sichern zu können. Und für die SS war wichtig, dass Befehle skrupellos durchgesetzt wurden. Kapos waren im Lageralltag an ihrer Armbinde sowie einem Stock oder einer Peitsche zu erkennen, die sie bei sich trugen. Sie führten die Aufsicht über die Arbeitskommandos. Einem Kapo waren meist hundert Häftlinge unterstellt. Kapos, die während ihrer »Arbeit« Häftlinge totschlugen, wurden dafür nicht von der Lagerverwaltung bestraft.

Kindermörder Israel: Diese Parole wird sehr oft bei antisemitischen Demonstrationen skandiert. Damit soll suggeriert werden, dass der Staat Israel das Ziel habe, Kinder zu ermorden. Diese falsche Behauptung hat zwei Hintergründe: Einmal wird Israel unterstellt, bei kriegerischen Auseinandersetzungen besonders die Tötung von Kindern im Fokus zu haben. Ferner geht der Vorwurf auf die Behauptung sogenannter Ritualmorde zurück, mit der Juden vorgeworfen wird, sie würden Kinder umbringen, um aus dem Blut ungesäuertes Brot für das Pessach-Fest zu bekommen.

Kippa: Sie ist die Kopfbedeckung männlicher Juden, wenn sie in der Synagoge oder in einem Gebetshaus ihre Religion ausüben.

Klezmermusik: Von ihrem Ursprung her ist es die Musik osteuropäischer Juden der vergangenen Jahrhunderte. Sie wird vor allem bei Familienfeiern gespielt. Die Wiege der Musik wird in Moldawien gesehen. Von dort breitete sie sich in andere osteuropäische Länder aus. Juden lebten meist ausgegrenzt in eigenen Stadtvierteln oder Dörfern. So wurde die Musik zum Ausdrucksmittel ihrer Unterdrückung und Benachteiligung. Auswanderer brachten die Musik später auch in die USA, vor allem nach New York, wo weltweit die meisten Juden lebten. Im Laufe der Zeit kamen Elemente der Jazz-Musik hinzu.

Konzentrationslager: Mit diesem Begriff (Abkürzung: KZ) werden seit der Zeit des Nationalsozialismus Arbeits- und Vernichtungslager bezeichnet. In den etwa 1000 Lagern während der NS-Zeit wurden dort Menschen zur Zwangsarbeit verpflichtet und ermordet. In den KZs wurden vor allem Juden, außerdem politische Gegner sowie Sinti und Roma und Homosexuelle interniert, aber auch Kriegsgefangene.

koscher: Die Tora stellt Regeln auf, was gläubige Menschen essen und welche Dinge nicht auf ihrem Speiseplan stehen dürfen. Was den Verzehr von Fleisch betrifft, ist genau festgelegt, welche Tiere koscher sind und welche nicht. Koschere Säugetiere käuen wider und haben gespaltene Hufe. Zu ihnen zählen Schafe und Rinder. Schweine sind danach nicht koscher. Fische, die gegessen werden dürfen, müssen Flossen und Schuppen tragen. Ferner dürfen Milch und Fleisch nicht zusammen zubereitet und gegessen werden, Obst und Gemüse aber schon.

Makkabi: Makkabi ist ein jüdischer Turn- und Sportverein, den es deutschlandweit in verschiedenen Städten gibt. In Frankfurt ist er der größte Sportverein überhaupt. Durch den Sport versucht der Verein, Menschen unterschiedlicher Herkunft zusammenzubringen. Er will Begegnungen schaffen und kulturelle Brücken bauen. Der

Verein steht religionsübergreifend und unabhängig von Herkunft und Hautfarbe für demokratische Werte und Völkerverständigung ein. Durch aktives Vorleben möchte er nicht nur die Vereinsmitglieder, sondern auch die Öffentlichkeit von Integration und fairem Umgang miteinander überzeugen. Großer Wert wird auf ein familiäres und respektvolles Umfeld gelegt, in dem Hass, Intoleranz und Ausgrenzung keinen Platz haben. Der Verein wurde vor über 55 Jahren gegründet und bietet in über 27 verschiedenen Abteilungen Menschen die Möglichkeit, sich sportlich zu betätigen. Er kooperiert mit zahlreichen Schulen, Kindergärten und verschiedenen sozialen Organisationen.

Neonazis: Es handelt sich um neue Nationalsozialisten, die sich nach dem Niedergang des Dritten Reichs formiert haben und das Gedankengut aus dieser Zeit aufgreifen und verbreiten. Neben politischen Parteien wie zum Beispiel der NPD oder dem III. Weg gibt es auch viele offene Gruppierungen in der Szene, die sich keinen Parteistatuten unterordnen wollen. Junge Menschen finden in der Regel den Einstieg in solche Neonazi-Gruppierungen über die Musik. Ein zentrales Thema der Neonazis ist ihr Kampf gegen alles Fremde, insbesondere gegen Menschen mit Migrationshintergrund.

NSDAP: Die Nationalsozialistische Deutsche Arbeiterpartei wurde während der Weimarer Republik gegründet. Sie war ideologisch durch Antisemitismus, Nationalismus und Antikommunismus geprägt. Auch jegliche demokratischen Tendenzen wurden strikt abgelehnt. Seit ihrer Gründung wies sie autoritäre Strukturen auf. Seit 1921 war ihr Vorsitzender Adolf Hitler, der später Reichskanzler wurde.

Pessach-Brot: Das Pessach-Fest gehört zu den wichtigsten Festen der Juden. Im 2. Buch Mose wird an den Auszug Israels aus Ägypten unter der Führung Moses erinnert, der die Befreiung der Menschen aus der Sklaverei bedeutete. Auf ihrem Weg hatten sie nur Mazza (ungesäuertes Brot) dabei. Seit Generationen wird das Ereignis zwischen dem 15. und 22. Tag des siebten Monats im jüdischen Kalender gefeiert. Das Fest soll die Erinnerung an die Befreiung wachrufen, weswegen auch heute noch Pessach-Brot oder Mazza gebacken wird.

Pogromnacht: Am späten Abend des 9. November 1938, nachdem Propagandaminister Joseph Goebbels beim jährlichen Treffen von Führern der nationalsozialistischen Partei Hetzreden gegen die jüdische Bevölkerung gehalten hatte, riefen diese in einem deutschlandweiten Fernschreiben Parteimitglieder dazu auf, gezielt »Aktionen gegen Juden« durchzuführen. In der darauffolgenden Nacht vom 9. auf den 10. November 1938 plünderten Anhänger von Adolf Hitler und seiner Partei in ganz Deutschland gezielt jüdische Geschäfte und zündeten Synagogen und Gebetshäuser an. Am nächsten Morgen lagen überall auf den Straßen und Bürgersteigen die Splitter der zerbrochenen Schaufensterscheiben, weshalb häufig statt von Progromnacht auch von »Kristallnacht« gesprochen wird. Tausende jüdische Bürger wurden in dieser Nacht verhaftet oder ermordet. Zehntausende von ihnen wurden in Konzentrationslager gesperrt. Seit diesem Ereignis hatten Juden keine Rechte mehr im Einflussbereich der Nazis und wurden systematisch verfolgt.

Prügelbock: Bei der Bestrafung auf dem Prügelbock wurde der Oberkörper des Häftlings über einen speziellen Holzbock gelegt, die Beine wurden mit Lederriemen festgebunden, und zwei andere Häftlinge mussten ihren Kollegen an den Armen festhalten. Ein SS-Mann oder Kapo schlug danach mit einem Stock oder einer Peitsche auf den Häftling ein, der die Schläge laut mitzählen musste.

Rabbi: Dieser Begriff ist die Kurzform für Rabbiner. Rabbis haben in der jüdischen Religion eine bedeutende Funktion. Ihre zentrale Aufgabe ist die Lehre der Tora.

Rassedeutsche: Die Nationalsozialisten vertraten eine radikale Lehre, nach der es verschiedene Menschenrassen gebe. Eine von ihnen, die arische Rasse, sei zum Herrschen bestimmt.

Ravensbrück: Das größte Frauenkonzentrationslager auf dem Gebiet des ehemaligen Deutschen Reichs wurde 1938/39 von der SS in der Gemeinde Ravensbrück nördlich von Berlin eingerichtet. 1000 weibliche Häftlinge mussten ab Mai 1939 unter Zwang das Lager ausbauen; zwischen 1939 und 1945 waren dort 132000 Frauen und Kinder interniert. Die SS-Wachen ermordeten nach Schätzungen bis zu 90000 von ihnen. Die Frauen wurden zur Zwangsarbeit verpflichtet und mussten u. a. auch für SS-eigene Wirtschaftsbetriebe arbeiten, z. B. für das Bekleidungswerk der Waffen-SS, die Deutsche Versuchsanstalt für Ernährung und Verpflegung, die Deutschen Ausrüstungswerke und die Gesellschaft für Textil- und Lederverwertung. Zwangsarbeit mussten die Gefangenen auch für die Firma Siemens & Halske leisten; an alten und kranken Frauen wurden hier Euthanasieaktionen durchgeführt. In Lagerbordellen wurden Frauen zur Prostitution für männliche Häftlinge aus einem nahe gelegenen Lager gezwungen, andere mussten ihre Dienste SS-Mannschaften zur Verfügung stellen. Viele der Frauen waren politische Gefangene, sie waren Sozialdemokratinnen und Kommunistinnen, nur wenige waren Juden. Im Laufe des Krieges kamen auch viele tschechische, polnische und russische Frauen ins Lager; viele wurden Opfer medizinischer Versuche. Am 27. und 28. April 1945 räumten die SS-Mannschaften das Lager; mehr als 20000 Gefangene wurden auf den Todesmarsch geschickt. Am 30. April befreite die Rote Armee das Lager; zu dem Zeitpunkt gab es dort noch 2000 Frauen, die für den Todesmarsch zu schwach gewesen waren.

Rote Armee: Sie wurde 1922 nach der Oktoberrevolution in der Sowjetunion gegründet und umfasste das Heer und die Luftstreitkräfte. Entwickelt wurde sie aus den »Roten Garden«, die eine Freiwilligenarmee war. Von daher stammt auch der Name. Die Rote Armee wurde in eine Pflichtstreitmacht umgewandelt. Während des Zweiten Weltkriegs führte sie (aus der Perspektive der Sowjetunion) den »großen vaterländischen Krieg« zur Verteidigung des Landes. 1946 wurde die Bezeichnung »Rote Armee« aufgehoben und in »Sowjetarmee« geändert.

Schabbat: Im Judentum ist der Schabbat der siebte Wochentag, an dem – als Ruhetag – nicht gearbeitet werden soll. Er beginnt am Freitag mit dem Sonnenuntergang und endet am Samstag mit dem Sonnenuntergang. Der Schabbat ist ein fester Bestandteil der zehn Gebote.

Sigrune: Symbol des Deutschen Jungvolks, einer Jugendorganisation der Hitlerjugend in der NS-Zeit; heute ist die Verwendung strafbar.

Schriftleitergesetz: Dieses Gesetz wurde am 4. Oktober 1933 vom damaligen Reichstag verabschiedet und diente der Gleichschaltung der Presse im nationalsozialistischen Deutschland. In diesem Gesetz wurde festgeschrieben, wer als Redakteur arbeiten durfte. Jüdischen Journalisten war mit diesem Gesetz die Ausübung ihres Berufes verboten.

Sonderkommando: In Auschwitz-Birkenau bestand das Sonderkommando aus jüdischen Häftlingen, die die Toten aus den Gaskammern ziehen, ihnen die Haare abschneiden, Goldzähne aus den Mündern brechen und sie zur Verbrennung in die Krematorien bringen mussten. Für das Sonderkommando wurden ausdrücklich jüdische Häftlinge gewählt. Nach einer gewissen Zeit dort wurden sie dann selber ermordet.

SS: Die beiden Buchstaben stehen als Abkürzung für »Schutzstaffel«. Diese Organisation diente schon während der Weimarer Republik, besonders aber während der Zeit des Nationalsozialismus der Partei NSDAP und Adolf Hitler als Herrschafts- und Unterdrückungsinstrument. 1925 wurde sie von Adolf Hitler in München als »Leib- und Prügelgarde« gegründet. Die Schutzstaffel (SS) war maßgeblich an der Planung und Durchführung von Kriegsverbrechen sowie Verbrechen gegen die Menschlichkeit beteiligt – besonders, was den Holocaust betrifft. Nach dem Kriegsende 1945 wurde die Organisation verboten.

SS-Mann: Der Begriff ist eine Bezeichnung für alle vollwertigen Mitglieder und jene, die noch in die Schutzstaffel (SS) aufgenommen werden sollten.

SS-Hauptsturmführer: Dieser Titel war während der NS-Zeit eine Dienstgradbezeichnung für den Offiziersrang; es war ein mittlerer Rang in der Offiziershierarchie.

SS-Totenkopf: Er wurde bereits seit 1923 als Symbol für die Vernichtung des Feindes verwendet, von der SS wieder aufgegriffen und stand für den bedingungslosen Einsatz für Adolf Hitler. In der Neonazi-Szene wird es gelegentlich leicht verfremdet benutzt, u. a. als Gürtelschnalle oder als Motiv für T-Shirts und Aufnäher, und ist strafbar.

Synagoge: Sie ist das jüdische Gotteshaus, in dem sich die Gemeinde zum Gottesdienst, zum Beten, zum Feiern und auch zum Diskutieren trifft. Eine Synagoge beherbergt in der Regel auch eine Bibliothek, die »Schul« genannt wird.

Theresienstadt: Das Lager wurde 1940 von den deutschen Besatzern in Terezin (deutsch: Theresienstadt) im heutigen Tschechien (damals: Protektorat Böhmen und Mähren) errichtet. Zunächst war es ein Gestapo-Gefängnis, 1941 wurde es als Sammel- und Durchgangslager für die jüdische Bevölkerung des besetzten Landes genutzt und später, nach der Wannseekonferenz 1942, galt es als Lager für alte oder prominente Juden aus Deutschland und anderen europäischen Ländern. Für eine kurze Zeit galt das Lager auch als jüdische Mustersiedlung, durch die ausländische Besucher geführt wurden. Während der gesamten Zeit waren in dem Lager mehr als 140 000 Männer, Frauen und Kinder interniert, von denen viele irgendwann in verschiedene Vernichtungslager deportiert wurden.
In Theresienstadt gab es etwa 10 000 Kinder im Alter bis 15 Jahre. Sie wohnten, getrennt von ihren Eltern und nach Alter und Geschlecht aufgeteilt, in Kinderheimen und bekamen, zulasten der älteren Häftlinge, eine etwas

bessere Verpflegung. Mit den Kindern wurde auch die von Hans Krása komponierte Kinderoper »Brundibár« immer wieder neu einstudiert und aufgeführt. Die Besetzung der Rollen musste ständig geändert werden, weil Kinder mit ihren Eltern in die Vernichtungslager deportiert wurden.

Tallit: Das Wort Tallit bezeichnet einen Gebetsmantel, der, als ritueller Gegenstand, während des jüdischen Gottesdienstes über der Kleidung getragen wird. Er ist aus weißem Stoff gewebt und mit blauen Streifen verziert. Nach diesem Weiß-Blau-Muster wurde später die israelische Flagge gestaltet. Im orthodoxen Judentum wird der Tallit nur von Männern nach der Bar Mizwa getragen, im liberalen Judentum tragen ihn auch Mädchen nach ihrer Bat Mizwa.

Tefillin: Dieses Wort bezeichnet die Gebetsriemen aus schwarzem Leder, die mit Gebetskapseln versehen sind. Die Gebetskapseln enthalten handgeschriebene Auszüge aus der Tora. Die Gebetsriemen werden traditionellerweise von jüdischen Männern getragen, im liberalen Judentum aber auch von Frauen. Die Riemen laufen vom Oberarm bis zur Hand und um die Finger, ein weiterer Riemen befestigt die Gebetskapsel an der Stirn.

Todesmarsch: Im Rahmen der Evakuierung von Konzentrationslagern im Zeitraum von Januar bis Anfang Mai 1945 wurden in der Schlussphase des Zweiten Weltkriegs die Häftlinge unter Begleitung von SS-Mannschaften in Richtung Deutschland geführt. Sie trugen nur ihre dünne Häftlingskleidung, hatten keine Verpflegung und waren ohnehin schon durch ihre Zeit in den Lagern körperlich sehr geschwächt. Viele verhungerten unterwegs, andere wurden erschossen, wenn sie wegen Entkräftung nicht mehr das Tempo der Gruppe mithalten konnten.

Tora: Die Tora ist der erste Teil der hebräischen Bibel, die, von Hand auf Pergament geschrieben, die fünf Bücher Mose in hebräischer Sprache enthält. Der Begriff schließt die Tora-Rolle mit ein, aus der während des Gottesdienstes gelesen wird. Dieses Lesen gleicht mehr einem Singen. Das Rezitieren aus der Tora ist ein zentraler Bestandteil des Gottesdienstes. Die Tora-Rolle wird von einem Sofer, einem speziell ausgebildeten Schreiber, angefertigt und braucht bis zur Vollendung ein Jahr. Das macht sie so wertvoll und deswegen wird sie in einem Toraschrein aufbewahrt.

Wannseekonferenz: Am 20. Januar 1942 trafen sich hochrangige Vertreter der Reichsregierung und verschiedener SS-Behörden unter dem Vorsitz von SS-Obergruppenführer Reinhard Heydrich, um den Massenmord aller europäischen Juden zu organisieren. Bei der Konferenz legten sie die Grundzüge für die Deportationen der jüdischen Bevölkerung nach Osten und ihrer Vernichtung fest. Die Opfergruppen wurden hier auch noch einmal genau definiert und ein Zeitplan festgelegt. Mit dieser

Konferenz wurde dem Hauptanliegen Heydrichs, der »Endlösung der Judenfrage«, Rechnung getragen.
Der Begriff »Wannseekonferenz« bezieht sich auf den Tagungsort, das Gästehaus der Sicherheitspolizei und des Sicherheitsdienstes mit der Berliner Adresse Am Großen Wannsee 56/58. Dieses Haus ist heute eine Gedenkstätte.

Weiße Rose: Sie war eine vorwiegend studentische Widerstandsgruppe, die sich im Juni 1942 um den Freundeskreis von Hans Scholl und Alexander Schmorell in München gründete. Ihr Protest basierte vorwiegend auf christlichen und humanistischen Werten. In ihren Flugblättern, die sie zunächst in München, später aber auch in anderen deutschen Städten verteilten, protestierten die Mitglieder, darunter auch Scholls Schwester Sophie, gegen den Zweiten Weltkrieg. Bei einer Flugblattaktion im Januar 1943 wurden sie entdeckt und verhaftet. Am 22. Februar 1943 wurde ihnen am Volksgerichtshof in Berlin der Prozess gemacht. Alle wurden zum Tode verurteilt und noch am gleichen Tag hingerichtet.

Westerbork: In der Nähe der niederländischen Stadt Midden-Drehnte errichteten die Nazis während der Besatzung des Landes am 1. Juli 1942 das Durchgangslager Westerbork, das in der Zeit davor von der holländischen Regierung als Flüchtlingslager für Juden genutzt wurde, die Deutschland und Österreich verlassen hatten. Von Westerbork aus wurden in der NS-Zeit mindestens 100000 Menschen in Vernichtungslager deportiert. Die bekannteste unter ihnen war Anne Frank, die mit ihrer Familie Anfang März 1945 im KZ Bergen-Belsen umgebracht wurde.

Zentralrat der Juden in Deutschland: Er ist die Dachorganisation der jüdischen Gemeinden und Landesverbände in Deutschland. Am 19. Juni 1950 wurde er in Frankfurt/Main gegründet und hat seit 1999 seinen Sitz in Berlin. Ihm gehören 23 Landesverbände und 105 Gemeinden an. Der Zentralrat steht für ein selbstbewusstes und aktives jüdisches Leben in Deutschland. Er setzt sich für die Wahrung der Religionsfreiheit ein, fördert die Entwicklung des Judentums, tritt für eine Kultur der Erinnerung an die Shoa ein, fordert Sicherheit für ein jüdisches Leben in Deutschland und wendet sich gegen jegliche Form von Antisemitismus.

Namen

Adenauer, Konrad: * 5. Januar 1976 in Köln; † 19. April 1967 in Rhöndorf bei Bonn. Seine politische Karriere begann er bereits im Kaiserreich und der Weimarer Republik; er war Mitglied der katholischen Zentrumspartei und Oberbürgermeister der Stadt Köln. Während der NS-Zeit landete er zeitweise im Gefängnis; er wurde auch von allen seinen Ämtern enthoben. Nach dem Krieg gehörte er zu den Gründungsmitgliedern der CDU und wurde deren Vorsitzender. Von 1949 bis 1963 war er der erste Bundeskanzler der Bundesrepublik Deutschland und von 1951 bis 1955 gleichzeitig Außenminister. Als politisches Ziel strebte er eine europäische Einigung sowie eine aktive Rolle Deutschlands in der NATO an. Wirtschaftlich setzte er sich für das System der sozialen Marktwirtschaft ein und grenzte sich klar und deutlich von der kommunistisch geprägten Sowjetunion ab. Männer, die auch während der NS-Zeit schon tragende Rollen im Staat innehatten, holte er als Staatssekretäre und Berater in seine Regierung zurück. »Wir müssen mit der Nazi-Schnüffelei aufhören!«, war seine Begründung.

Bauer, Fritz: Er wurde 1903 in Stuttgart geboren. 1936 emigrierte er als jüdischer Sozialdemokrat nach Kopenhagen und musste 1940 untertauchen, da ihm die dänischen Behörden nach der deutschen Besetzung die Aufenthaltsbewilligung entzogen. Nach einer mehrmonatigen Internierung floh er im Oktober 1943 nach Schweden. Gemeinsam mit Willy Brandt und anderen gründete er die Zeitschrift »Sozialistische Tribüne«. 1949 kehrte er nach Deutschland zurück, wurde zunächst Landgerichtsdirektor in Braunschweig und später dort Generalstaatsanwalt beim Oberlandesgericht. Auch außerhalb Deutschlands machte er sich einen Namen durch Gerichtsprozesse, in denen die Widerstandskämpfer vom 20. Juli 1944 rehabilitiert wurden.
1956 wurde er auf Initiative des damaligen hessischen Ministerpräsidenten Georg-August Zinn Generalstaatsanwalt in Frankfurt. Er setzte 1959 beim Bundesgerichtshof

durch, dass für Strafsachen gegen Auschwitz-Täter das Landgericht Frankfurt zuständig ist. Auf seine Anweisung hin leitete die Staatsanwaltschaft Frankfurt Ermittlungen gegen ehemalige Angehörige und Führer der SS-Wachmannschaften ein, die in einem Prozess gegen 22 Angeklagte mündete. Mit seinem Namen wird auch die Überführung des nach Kriegsende geflohenen SS-Manns Adolf Eichmann nach Israel in Verbindung gebracht.

Die Ermittlungsarbeiten von Fritz Bauer wurden damals von vielen seiner Kollegen mit Argwohn begleitet. Aus dieser Zeit stammt sein Satz: »Wenn ich mein (Dienst-) Zimmer verlasse, betrete ich feindliches Ausland.«

Fritz Bauers Arbeit galt dem Aufbau einer demokratischen Justiz in der Bundesrepublik Deutschland und im Besonderen der Verfolgung nationalsozialistischen Unrechts.

Am 1. Juli 1968 wurde er in seiner Wohnung tot in der Badewanne aufgefunden.

Frank, Anne: * 12. Juni 1929 in Frankfurt/Main, † Februar oder Anfang März 1945 im Konzentrationslager Bergen-Belsen. Sie verließ 1934 mit der Familie ihre Heimatstadt Frankfurt und lebte fortan in den Niederlanden. Mit der Auswanderung wollten sie der Verfolgung durch die Nationalsozialisten entgehen. Nachdem auch die Niederlande von den Nazis überfallen und besetzt wurde, musste die Familie Frank in Amsterdam untertauchen. Ab Juli 1942 lebten sie in einem Hinterhaus in der Prinsengracht. In diesem Versteck schrieb Anne ihr Tagebuch, in dem sie zum einen das Geschehen im Hinterhaus beschreibt, zum andern aber auch ihre Gefühle darstellt. Die Familie Frank hoffte, in dem Versteck das Kriegsende erleben zu können. Im Sommer 1944 wurden sie aber verraten. Nach dem Krieg ermittelte man schnell einen Verdächtigen, der den Verrat aber stets abgestritten hat. Neue Theorien aus dem Jahr 2022 legen den Verdacht nahe, dass es ein Mitglied des Judenrats Amsterdam war, sind aber höchst umstritten. Am 4. August 1944 wurde die Familie jedenfalls von der SS verhaftet. Sie kamen in das Durchgangslager Westerbork und wurden von dort am 3. September 1944 nach Auschwitz deportiert. Bei ihrer Ankunft war Anne 15 Jahre alt und entging damit dem sofortigen Tod in den Gaskammern, weil sie in einem arbeitsfähigen Alter war. Ihre Sehnsucht nach Leben gab ihr Kraft, doch konnte sie den grassierenden Krankheiten, bedingt unter anderem durch die schlechte Hygiene, nicht entkommen. Sie infizierte sich mit Krätze und kam in den Isolierblock. Da die Alliierten Streitkräfte* näher rückten, begann die SS, Häftlinge zu evakuieren. Bis zu diesem Zeitpunkt war Anne noch mit ihrer Schwester Margot und ihrer Mutter zusammen. Am 28. Oktober 1944 wurden 1308 Frauen aus Auschwitz-Birkenau nach Bergen-Belsen deportiert, darunter Anne mit ihrer Schwester. Durch die schlechten hygienischen Bedingungen herrschten dort Krankheiten wie Typhus und Fleckfieber, von denen auch Anne und ihre Schwester nicht verschont blieben. Wenige Wochen vor der Befreiung des Lagers starben sie.

Hitler, Adolf: *20. April 1889 in Braunau am Inn/Österreich, erweist sich während seiner ersten Jahre in der Volksschule als lernwilliger Schüler, später, in der Realschule, verweigert er aber oftmals Leistungen und kann aufgrund schlechter Noten zweimal nicht in die nächste Klassenstufe versetzt werden. Von seinem Vater, der ihn für eine Beamtenlaufbahn vorgesehen hatte, bezog er für seine schlechten Leistungen häufig heftige Prügel. Nach dessen Tod besucht er ab 1904 die Realschule in Steyr, die er ohne Abschluss verlässt, und kehrt zu seiner Mutter nach Linz zurück. Dort lernt er den radikalen Antisemiten Georg von Schönerer kennen und vertieft sich in dessen Gedankengut. In Wien bewirbt er sich – ohne Erfolg – an der »Allgemeinen Malerschule der Wiener Kunstakademie« und sieht sich fortan als verkannter Künstler. In dieser Zeit beginnt er schließlich, Bücher und Zeitungen zu lesen, in denen unter anderem die »Entjudung« gefordert wird. 1913 zieht er nach München, um der österreichischen Wehrpflicht zu entgehen. Hier beschäftigt er sich weiter mit rassistischen und antisemitischen Schriften, beginnt erneut zu malen – meist Gebäude nach fotografischen Vorlagen – und verkauft seine Bilder. Die Münchner Polizei greift ihn jedoch auf und überstellt ihn dem österreichischen Konsulat; er wird nach Österreich abgeschoben, dort gemustert und für tauglich befunden, vom Militärdienst aber zurückgestellt. Im Ersten Weltkrieg wird er Soldat, erhält mehrfach Auszeichnungen. Bei einem Gasangriff wird er vergiftet und erblindet für einige Zeit. Die Waffenstillstandsverhandlungen nach vier Jahren Krieg (1914–1918) bezeichnet er als die »größte Schandtat des Jahrhunderts«. Daraufhin beschließt er, Politiker zu werden. Er kehrt nach München zurück und wird als Verbindungsmann für die Reichswehr tätig. Ein Jahr später wird er für einen Rednerkurs an der Universität München vorgeschlagen und zeichnet sich dabei als talentierter Redner aus. Aus schriftlichen Notizen von ihm geht hervor, dass er zu dieser Zeit schon die Entfernung der Juden gefordert hat. Noch im gleichen Jahr tritt er der Deutschen Arbeiterpartei bei. Bereits ein Jahr später schreibt er schon an dem Programm für die Nationalsozialistische Deutsche Arbeiterpartei mit, die später aus der Deutschen Arbeiterpartei hervorgeht, und übernimmt 1921 deren Führung. Sein Putschversuch vom 9. November 1923 in München misslingt, er wird verhaftet und zu fünf Jahren Festungshaft verurteilt. Während seiner Haftzeit verfasst er den ersten Band seines Buches »Mein Kampf«. Die österreichische Staatsbürgerschaft wird ihm entzogen, er ist vorübergehend staatenlos. Ein in München erlassenes Redeverbot wird nach einiger Zeit wieder aufgehoben, und seit dieser Zeit hält er erneut seine öffentlichen Reden, sowohl in München als auch in Berlin und in Düsseldorf vor dem Industrie-Club. 1932 wird er deutscher Staatsbürger. Schließlich tritt er zur Wahl des Reichspräsidenten gegen Hindenburg an, die er jedoch verliert. Nach den Reichstagswahlen im Juli 1932 wird seine Partei die stärkste Fraktion im Reichstag, doch Hindenburg ernennt ihn zu dem Zeitpunkt noch nicht zum Reichskanzler.

Dieser Schritt wird erst am 30. Januar 1933 vollzogen. Bereits im März wird das Ermächtigungsgesetz erlassen, das ihm uneingeschränkte Vollmachten gibt. Politische Gegner lässt er entfernen und in Konzentrationslager sperren. Nach Hindenburgs Tod im August 1934 übernimmt er auch dessen Ämter und ist nun »Führer und Reichskanzler«. Wieder ein Jahr später, im September 1935, werden auf dem Reichsparteitag in Nürnberg die »Nürnberger Rassengesetze« erlassen, wonach die jüdische Bevölkerung Schritt für Schritt erniedrigt und aus dem öffentlichen Leben ausgeschlossen wird. Juden wird untersagt, Nichtjuden zu heiraten. Systematisch baut er seine Macht aus, wird Oberbefehlshaber der Wehrmacht, entlässt Minister, um sie durch linientreue neue Männer zu ersetzen. In der von ihm und Joseph Goebbels initiierten Reichspogromnacht lässt er Tausende jüdische Bürger verhaften und einsperren. Synagogen werden niedergebrannt und Geschäfte geplündert. Im Januar 1939 teilt er in einer Reichstagsrede mit, dass im Fall eines neuen Weltkriegs die jüdische Rasse Europas vernichtet werde. Im März wird die Tschechoslowakei besetzt, im Mai erklärt er den Generälen der Wehrmacht seine Angriffspläne für »neuen Lebensraum« im Osten, im August schließt er einen Nichtangriffspakt mit Stalin, und am 1. September befiehlt er den deutschen Angriff auf Polen. Bereits am 9. Oktober gibt er die Weisung zum Angriff auf den Westen. Ein Attentat auf Hitler am 8. November durch den Schreinergesellen Johann Georg Elser misslingt. Im Juli 1940 teilt Hitler dem Oberkommando der

Wehrmacht seinen Entschluss mit, die Sowjetunion zu überfallen. Diesen Plan setzt er durch Befehl vom 18. Dezember um. Er spricht von einem militärischen Vernichtungskrieg im Osten. Auf der Wannseekonferenz in Berlin wird die »Endlösung der Judenfrage« beschlossen. Im Januar 1943 kapituliert Hitlers 6. Armee bei Stalingrad, obwohl er bis zuletzt die Weisung gab, durchzuhalten. Am 20. Juli 1944 missglückt ein Attentat auf Hitler, die Täter werden hingerichtet. Im September ordnet er an, bisher nicht wehrfähige Kinder und alte Männer im Volkssturm zusammenzufassen. Sie werden an den Reichsgrenzen eingesetzt. Am 30. Januar 1945 hält er seine letzte Rundfunkansprache. Er ruft die Bevölkerung zum Widerstand bis zum Endsieg auf. Im März gibt er den Befehl aus, dass die Soldaten bei ihrem Rückzug die deutschen Gebiete vollständig verwüsten sollen. Das Volk habe sich einfach als zu schwach erwiesen. Am 29. April heiratet er seine langjährige Lebensgefährtin Eva Braun. Einen Tag später, am 30. April 1945, begeht er mit ihr zusammen im Bunker der Reichskanzlei Selbstmord.

Mengele, Josef: * 1911, Humangenetiker und SS-Hauptsturmführer*, seit 1937 Mitglied der NSDAP. Er war vom 30.5.1943 bis 18.1.1945 in Auschwitz-Birkenau verantwortlich für die Selektionen und entschied, wer in die Gaskammer kam. An ausgewählten Häftlingen erforschte er in Auschwitz auch die Wirkung von Genwirkstoffen, wobei er seine Versuchspersonen tötete und sezierte. Bevorzugte Forschungspersonen waren Zwillinge, Kleinwüchsige, Sinti und Roma. Mengele war verantwortlich für die Tötung von vielen Tausend Menschen. Nach dem Krieg floh er über Genua nach Argentinien, 1958 tauchte er in Uruguay auf, heiratete dort die Witwe seines verstorbenen Bruders und starb schließlich am 7.2.1979 in Bertioga, Brasilien. Für all seine Verbrechen wurde er nie zur Rechenschaft gezogen.

Scholl, Sophie: *9. Mai 1921 in Forchtenberg/Baden-Württemberg, hingerichtet am 22. Februar 1943 in München. Sie war eine Widerstandskämpferin gegen den Nationalsozialismus. Während ihrer Gymnasialzeit glaubte sie zunächst an die vom NS-Regime gesetzten Ideale, beobachtete aber auch die politischen Aktivitäten ihres Bruders Hans in der Bündischen Jugend, die ursprünglich ein Zusammenschluss von verschiedenen Pfadfinder- und Wandervogelverbindungen war, nach Hitlers Machergreifung aber bald verboten wurde. Einige Gruppen arbeiteten aber im Untergrund weiter. 1940 begann Sophie eine Ausbildung als Kindergärtnerin. In dieser Zeit fing sie an, sich kritisch mit dem nationalsozialistischen Regime auseinanderzusetzen, und ging immer mehr auf Distanz zu den propagierten Idealen. 1942 nahm sie ein Studium der Biologie und Philosophie an der Universität München auf. Dort lernte sie weitere Studenten kennen, die sich von der Regierung distanzierten, und schloss sich der Widerstandsgruppe »Weiße Rose« an. Sie beteiligte sich an der Verteilung von Flugschriften, die die Mitglieder in Telefonzellen und an parkenden Autos hinterlegten. Im

Januar 1943 war sie erstmals selber an der Erstellung eines Flugblatts beteiligt, in dem dazu aufgerufen wurde, die Regierung zu stürzen und durch »ein neues geistiges Europa« zu ersetzen. Zusammen mit ihrem Bruder verteilte sie an der Münchner Uni 1500 dieser Flugblätter. Der Hausmeister entdeckte sie und verständigte die Gestapo. Sie wurden verhaftet und nach einem dreitägigen Verhör fällte am 22. Februar 1943 der Volksgerichtshof das Todesurteil. Noch am gleichen Tag wurden sie, ihr Bruder und ein weiteres Mitglied der »Weißen Rose« im Strafgefängnis München-Stadelheim hingerichtet.

Schuster, Dr. Josef: * 20. März 1954 in Haifa/Israel. Sein Vater war ein gebürtiger Deutscher, der das Land während der NS-Zeit verlassen musste, seine Mutter kam aus Oberschlesien. Beide lebten in Israel, siedelten aber 1956 nach Deutschland über. Nach dem Abitur am Röntgen-Gymnasium in Würzburg studierte er Humanmedizin. Seit 1988 betrieb er eine Praxis für Innere Medizin und war gleichzeitig auch als Notarzt tätig. 1998 wurde er Vorsitzender der jüdischen Gemeinde Würzburg, 2002 Präsident des bayerischen Landesverbandes der israelischen Kultusgemeinden und 2010 Vizepräsident des Zentralrats der Juden in Deutschland, dessen Präsident er seit dem 30. November 2014 ist.

Strauß, Franz Josef: * 6. September 1915 in München; † 3. Oktober 1988 in Regensburg. Er war Mitglied der CSU und von 1961 bis zu seinem Tod deren Vorsitzender.

Strauß gehörte über viele Jahre der Bundesregierung als Minister an; 1953–1955 war er Bundesminister für besondere Aufgaben; 1955–1956 Bundesminister für Atomfragen; 1956–1962 Bundesminister der Verteidigung; 1966–1969 Bundesminister der Finanzen. Von 1978 bis 1988 war er dann bayerischer Ministerpräsident. Als Kanzlerkandidat der Unionsparteien scheiterte er 1980 gegen den damals amtierenden Bundeskanzler Helmut Schmidt (SPD).
Nach seinem Abitur am Maximilians-Gymnasium in München hatte Strauß an der dortigen Universität Geschichte, Germanistik, Altphilologie und Staatswissenschaften studiert. Während verschiedener Fronturlaube konnte er zunächst 1940 das Erste Staatsexamen für das höhere Lehramt ablegen, 1942 das Zweite Staatsexamen und 1943 die Studienratsprüfung. Nach schweren Erfrierungen, die er sich im Krieg an der Ostfront zugezogen hatte, wurde er Ausbildungsoffizier und trug den Titel »Offizier für wehrgeistige Führung«, der kurze Zeit später in »Nationalsozialistischer Führungsoffizier« umbenannt wurde. Diese Aufgabe konnten nur Personen im Einvernehmen mit der Partei Hitlers übernehmen.
Nach dem Krieg wurde er dennoch als politisch unbelastet eingestuft. Seine Nachkriegskarriere als Politiker begann 1946 als Landrat in Schongau (1946–1949); in dieser Zeit war er auch Mitglied des CSU-Landesvorstandes; von 1948–1952 Generalsekretär der CSU; 1949–1978 Mitglied des Deutschen Bundestages. 1962 musste er sich für eine Affäre verantworten – er hatte sich in einem

Empfehlungsschreiben für eine Baufirma eingesetzt, die daraufhin den Zuschlag für die Errichtung einer Militärkaserne der in Deutschland stationierten 7. amerikanischen Armee bekam. Obwohl ihm in einem Abschlussbericht keine Verfehlungen vorgeworfen wurden, kam es zu einer schweren Regierungskrise, was Strauß dazu veranlasste, sein Ministeramt niederzulegen. Die Regierungskrise spitzte sich noch weiter zu, nachdem ihm nachgewiesen werden konnte, dass er für die Durchsuchung der Redaktionsräume der Zeitschrift »Der Spiegel« sowie die Verhaftung des Redaktionsleiters Rudolf Augstein und des Redakteurs Conrad Ahlers verantwortlich war. Letztendlich hat er diese Verfehlungen auch eingestanden. Trotz allem konnte er seine politische Karriere in verschiedenen Ämtern fortsetzen.

© Random House/Isabelle Grubert

Autor

Reiner Engelmann wurde 1952 in Völkenroth geboren. Nach dem Studium der Sozialpädagogik war er im Schuldienst tätig, wo er sich besonders für die Bereiche der Leseförderung, der Gewaltprävention und der Kinder- und Menschenrechtsbildung starkmachte. Für Schulklassen und Erwachsene organisiert Reiner Engelmann regelmäßig Studienfahrten nach Auschwitz. Er ist Autor und Herausgeber zahlreicher Anthologien und Bücher zu gesellschaftlichen Brennpunktthemen.

Von Reiner Engelmann sind bei cbj erschienen:

»Alodia, du bist jetzt Alice!« – Kinderraub und Zwangsadoption im Nationalsozialismus (31268)

Anschlag von rechts (31224)

Der Buchhalter von Auschwitz – Die Schuld des Oskar Gröning (31293)

Der Fotograf von Auschwitz – Das Leben des Wilhelm Brasse (31236)

Wir haben das KZ überlebt – Zeitzeugen berichten (31410)

Hass und Versöhnung – Ein ehemaliger Neonazi und eine Holocaust-Überlebende begegnen sich (31372)

»Doch meine Seele hat Narben« – Wie Niusia Horowitz dank Oskar Schindler den Holocaust überlebte (31434)

Reiner Engelmann

Hass und Versöhnung

272 Seiten, ISBN 978-3-570-31372-5

Emil ist wütend, dass er gegen seinen Willen umziehen muss. Er zieht sich immer mehr zurück – bis ein Klassenkamerad ihm die Welt der rechten Musik eröffnet. Die Texte voller Hass und Gewalt sprechen Emil aus der Seele und er rutscht immer tiefer in die rechte Szene ab. Er richtet seine Wut gegen alle, die in seinen Augen anders und damit minderwertig sind. Zahlreiche Straftaten bringen ihn schließlich ins Gefängnis, wo er an einem Aussteigerprogramm aus der rechten Szene teilnimmt und langsam einen Weg zurück findet. Dabei hilft ihm die Begegnung mit Holocaust-Zeitzeugin Anne, die Emil von ihren Erfahrungen mit den von Emil einst verherrlichten Nationalsozialisten erzählt – und ihm damit die Augen öffnet.

30441

www.cbj-verlag.de

Reiner Engelmann

Anschlag von rechts

192 Seiten, ISBN 978-3-570-31224-7

Irgendwo mitten in Deutschland treffen sich drei Freunde auf ein Feierabendbier. In den sozialen Netzwerken haben sie sich schon an ausländerfeindlichen Pöbeleien beteiligt. Wenige Stunden später werfen sie einen Molotowcocktail in eine Flüchtlingsunterkunft und werden so zu Verbrechern. Reiner Engelmann recherchiert die Hintergründe dieser schrecklichen Tat und dabei wird deutlich: rechtes Gedankengut und Fremdenfeindlichkeit sind in der Mitte unserer Gesellschaft angekommen und viel zu lange unbeachtet geblieben.

30382

www.cbj-verlag.de

Manfred Theisen

Rot oder Blau – Du hast die Wahl

384 Seiten, ISBN 978-3-570-31285-8

Zwei neunte Klassen, ein Landschulheim und ein politisches Experiment: 32 Schüler sollen mit einem Spiel auf das Thema Demokratie eingestimmt werden. Innerhalb von fünf Tagen sollen sich zwei Parteien zusammenfinden, jeweils ein Kandidaten aufgestellt und am Ende ein Präsident gewählt werden. Das soll die Schüler für Politik begeistern. Aber das Spiel entgleitet den Lehrern und statt Schutz der Minderheit, geheimer Wahl und Gewaltenteilung regieren bald Fake News, Intrigen und Machtgehabe den Wahlkampf …

30431

www.cbj-verlag.de